I0786653

NUNCA SEREMOS VENCIDOS

A saga da Turma Collecchio-Fornovo

Pimentel, Marcelo Francisco Silva.
Nunca seremos vencidos. A saga da Turma Collecchio-Fornovo –
1ª Edição – São Paulo – 2020.

1. Brasil. Exército – EsPCEx. 2. Biografias e autobiografias.
    Forças Armadas

ISBN 9798656470315

Prólogo

Esta é uma história sobre três anos de intensa amizade, de sonhos compartilhados, aventuras, esperanças, derrotas, vitórias, lágrimas e muitos risos, vivida com a intensidade da mocidade por uma porção de brasileiros que atenderam ao chamado da vocação, trilhando o árduo – e ímpar – caminho da vida militar, compartilhando dificuldades, superando deficiências, ombro-a-ombro, vencendo a cada dia os próprios limites, para encontrar, ao longo e ao cabo dessa jornada, a sabedoria contida na máxima inscrita no pátio do templo de Apolo, em Delfos, Grécia: "Conhece-te a ti mesmo."

Esses jovens, reunidos na Turma Collecchio-Fornovo da Escola Preparatória de Cadetes do Exército, na primeira metade dos anos 1980, formaram um amálgama coeso, unido, único, irmanados mais do que nunca, mesmo decorridos mais de trinta anos daqueles dias incríveis, vividos com emoção e, hoje, lembrados com saudade.

O que os uniu de forma tão marcante, certamente, foram os dias de dificuldade, de "ralação", de trotes, de saudades de casa, de descobertas, mas, também, os momentos de alegria, de júbilo e, sobretudo, de liberdade.

***

Meu orgulho em contar esta história é evidente e, como um dos integrantes dessa querida e inesquecível turma, agradeço o privilégio de tê-la vivido e, hoje, peço escusas pela pretensão de contá-la.

Já disse, sabiamente, o imortal guerreiro prussiano, o mesmo que salvou o dia em Waterloo, há duzentos anos – Blücher – que é tão difícil narrar um baile quanto uma batalha, para quem dele – ou dela – tomou parte. Como um participante, humildemente faço minhas as palavras do marechal, pois o presente relato é apenas a minha visão do baile, em um canto do salão, ou a minha observação – limitada, porém sincera - a partir de uma trincheira, dessa batalha de três anos, travada por duzentas almas.

***

Ao longo desses três anos, desenvolveu-se um espírito que pairou sobre essa turma de soldados-estudantes, como a guiar-lhes os passos e a pautar suas atitudes. As adversidades, os obstáculos que lhes impuseram, as reviravoltas do destino jamais os abateram, ao contrário, capitalizaram sua energia, reforçaram-lhes a união e a camaradagem, tornaram-lhes especiais. Tal espírito materializou-se no mote adotado pela Turma:

"Nunca seremos vencidos".

Tais palavras, como a máxima grega, estão imortalizadas na Pérgula Tiradentes, na Escola Preparatória de Cadetes do Exército, em Campinas, São Paulo, o nosso templo, brasileiro e pagão, porém – paradoxalmente - pleno de Fé.

Se e quando o legado da nossa querida turma for apenas essa divisa de vitória, nossa missão estará cumprida, pois, muito tempo depois de partirmos, essas palavras gravadas eternamente no bronze ainda hão de inspirar outros jovens brasileiros, como nós.

Ainda que seja apenas um, terá valido a pena.

&

***

Cap 1: A noite das noites.

1983.

Noite fria de agosto.

Grupos de jovens, em uniformes de combate e rostos camuflados, esgueiram-se para fora dos pavilhões que abrigam as companhias de alunos, penetrando na noite escura, evitando as sentinelas que velavam o sono do quartel em silêncio.

Divididos em patrulhas, alcançam a cobertura da vegetação e iniciam sua jornada em direção à liberdade.

Não, não se tratava de uma fuga em massa de prisioneiros, como em um filme clássico de guerra.

Tratava-se de uma jornada de provações para alcançar a simples graça de existir. Um rito de passagem, uma prova final.

Sim, bichos que éramos, não pertencíamos, até então, à espécie humana, ou a qualquer espécie, a rigor.

Ansiávamos por aquele momento. Desconhecíamos quando chegaria aquele tradicional acontecimento, conhecido na Escola como a "Noite de São Bartolomeu".

Tal episódio marcaria nossa aceitação, pelos alunos mais antigos, como militares e alunos de fato, e nossa libertação dos trotes e do rigoroso tratamento por eles dispensado.

Esse evento acontecia sempre no mês de agosto, como o massacre dos protestantes que lhe emprestava o nome, ocorrido na França do século XVI, na noite do dia de São Bartolomeu.

Essa noite tinha lugar, geração após geração, alguns dias antes de um evento oficial muito marcante na vida de qualquer cidadão que tenha servido nas Forças Armadas: o compromisso à Bandeira, momento solene em que o militar recém ingresso promete defendê-la, "com o sacrifício da própria vida".

Assim, ao final do mês de agosto, os alunos do primeiro ano estariam completamente aceitos e integrados – oficialmente ou não – e em condições de seguirem na Escola como militares "normais".

Porém, voltando ao rito, ao alcançarem o abrigo da noite e da mataria, as patrulhas, organizadas e comandadas pelos "veteranos"-alunos do terceiro ano, rastejavam na lama, davam lanços rápidos em campo aberto, atravessavam córregos e, a cada parada, eram submetidos a exercícios físicos, flexões de braços, "cangurus", "pulinhos de galo", "polichinelos" e outras tarefas impostas pelos veteranos, como se fosse uma despedida, também para eles, dos trotes a que vinham nos submetendo por aqueles longos meses, desde fevereiro.

Assim, madrugada adentro, por várias horas, moveram-nos pelos recantos remotos da Escola, em marchas sem fim, a rastejar na lama, a sofrer emboscadas de inimigos invisíveis, a correr e a "pagar" flexões mil, como se fosse a retribuição por nossa liberdade, que chegaria antes do nascer do sol.

Pagávamos pela ousadia de sermos voluntários; pela arrogância de querermos adentrar aquele meio; pelo desplante de ansiarmos integrar a comunidade verde-oliva; pela audácia de almejarmos a condição de oficiais do Exército Brasileiro.

Mas, já dissera muito antes um velho herói de guerra, o intrépido general aviador norte-americano James Harold Doolittle: "Não há nada mais forte que o coração de um voluntário".

Exatamente assim nos sentíamos naquela noite – e em muitas outras, antes ou depois – e nossos corações de voluntários, nossa Fé, nossa energia de jovens e nosso ardor de soldados nos guiaram por aquela mítica noite; nos fez alheios ao cansaço, ao frio, ao suor e nos trouxe de volta, em segurança, sem incomodar a Escola que repousava, tranquila, sem saber que, naquela noite, uma outra turma de bichos deixava tal condição para, mais tranquilamente – *pero no mucho* – vivê-la intensamente. Mas a Escola sabia. Sempre soube.

Ao regressarmos aos alojamentos, esperava-nos uma confraternização com os veteranos, regada a guaraná e salgadinhos, patrocinada pelos Grêmios das companhias, dirigidos por esses mesmos veteranos.

Felizes, aproveitamos as poucas horas antes do toque de alvorada para limparmos a sujeira, tomar banho, esconder os uniformes e coturnos enlameados e preparar-nos para a jornada do dia seguinte: formaturas, aulas, instrução, educação física etc.

Naquele novo dia, creio que deva ter aumentado consideravelmente o número de alunos dormindo nas aulas da manhã e, consequentemente, as reprimendas de nossos mestres, que devem ter notado, calados, a pouca disposição da turma e as olheiras profundas de alguns. Certamente, eles também sabiam.

Mas, a partir daquela manhã, nossa vida mudaria bastante, dentro da Escola.

Com o abandono da reles condição de bichos, poderíamos, doravante, termos simples prazeres, como assistir televisão, adentrar as salas dos grêmios, ir à cantina, manter um biscoito no armário ou apenas nos deitarmos antes das 22 horas.

Embora livres dos trotes e com maior liberdade de ação dentro da Escola, o respeito pelos alunos mais antigos ainda imperava, pois, no caminho da Academia Militar e do oficialato, a primeira regra aprendida é que a instituição militar está baseada em dois pilares: a *Hierarquia* e a *Disciplina*.

Então, com respeito, seguimos. Porém, bichos, nunca mais!

&
***

Cap 2: O começo - como chegamos até ali.

1982.

Naquele mês de novembro, milhares de jovens foram reunidos em vários locais espalhados pelo Brasil, para realizarem o exame intelectual do concurso de admissão à Escola Preparatória de Cadetes do Exército.

De âmbito nacional, visava a selecionar os brasileiros voluntários que já tinham concluído ou estavam cursando a 8ª série do então 1° grau, para serem admitidos como alunos daquele estabelecimento de ensino, em regime de internato com duração de três anos e equivalente ao então 2° grau, e que, ao final do curso, com aproveitamento e conceito favorável, teriam garantido o acesso à Academia Militar das Agulhas Negras, berço dos oficiais combatentes de carreira do Exército Brasileiro.

De norte a sul do país, de leste a oeste, na maioria das capitais dos estados e em algumas cidades com importantes guarnições do Exército, os exames aconteceram em quatro dias consecutivos, começando pela prova de Língua Portuguesa no primeiro, seguida de Matemática, Ciências e Estudos Sociais.

Nas cidades do Rio de Janeiro e São Paulo, devido ao grande efetivo de candidatos, as provas foram realizadas no Estádio do Maracanã e no Ginásio do Ibirapuera.

Muito jovens ainda, encarávamos o primeiro e decisivo teste de nossas vidas, rivalizando com 12.763 concorrentes em busca das 200 vagas, o que seria a relação candidato-vaga mais disputada em toda a história daquele concurso, como saberíamos muito tempo depois.

Rostos tensos, ao final de cada dia de prova, conferíamos o gabarito da matéria que era distribuído na saída do local de exame pelos cursinhos especializados e conjecturávamos como teria sido nosso desempenho dentro do universo dos candidatos.

Em seguida, vivemos a ansiedade da espera do resultado, sem deixar de nos prepararmos para os exames físicos que seguiriam aos de saúde, para os aprovados no exame intelectual.

O treinamento da flexão na barra, dos abdominais e da corrida de 3.200 metros ajudava a controlar a aflição causada pela espera.

Procurávamos nos jornais pelo resultado e olhávamos diariamente a caixa de correio, à espera da comunicação oficial da Escola.

Ao final de dezembro daquele ano, como um presente de Natal, vibramos ao lermos nosso nome no jornal na relação dos aprovados no exame intelectual. A primeira etapa – a mais difícil e concorrida – havia sido superada. Logo chegou o comunicado oficial e as instruções para os exames médicos e de aptidão física.

Corremos para realizar os exames laboratoriais e radiografias exigidos para o exame de saúde e, já em janeiro de 1983 comparecemos à unidade de saúde do Exército encarregada da realização dessa fase.

Após os mais variados exames, como os de visão, ortopedia, cardiologia, neurologia e outros, faltavam apenas as provas físicas para sermos finalmente aprovados e nos apresentarmos na Escola.

Em dois dias sucessivos, fizemos as provas de flexão na barra e abdominal, no primeiro dia e a prova de corrida de 3.200m, no segundo dia.

Superadas todas essas fases, tratamos de providenciar o enxoval sugerido pela Escola para nos apresentarmos para o início do ano letivo e para vivermos a aventura de nossas vidas, como sonháramos tanto.

***

Certamente a cena da despedida repetiu-se em cada recanto do país, e de cada lar, pais felizes, porém aflitos, despediram-se dos seus filhos que partiam em busca de seus sonhos, que tanto se esforçaram para alcançá-los.

Deixamos o conforto de nossas casas e, sem olharmos para trás, seguimos para Campinas, carregando nosso enxoval, nossos anseios, nossas saudades, inseguranças e temores, mas com o espírito forte e a determinação de voluntários.

Ainda não sabíamos, mas ao fim da jornada, dali a três anos, mais forte ainda estaria nosso ânimo, reforçado pela certeza de que jamais seríamos vencidos.

***

Ao final do mês de janeiro, começamos a chegar à Escola, situada no bairro do Jardim Chapadão, na cidade de Campinas, para enfrentarmos o primeiro desafio, o período de adaptação, que, superado, nos levaria à matrícula e à condição de alunos, e de praças especiais do Exército Brasileiro.

Reunidos na 1ª Companhia de Alunos, começamos a fazer amizades com os que viriam a ser nossos camaradas de jornada – e de infortúnio – na vida de bichos de uma escola de formação do Exército.

Passamos a compreender que haviam duas categorias de "candidatos", como éramos chamados ao longo do período de adaptação, pois somente atingiríamos a situação de "Alunos" após a transposição solene do Portão das Armas da Escola, em cerimônia militar que teria lugar no dia 21 de fevereiro, e que marcaria nosso ingresso nas fileiras do Exército e que nos acompanharia pelo resto de nossas vidas militares como a nossa "data de Praça".

A primeira categoria era a dos oriundos do "Concurso de Admissão", ou "CA", que era a maioria e que era formada pelos candidatos foram aprovados pelo concurso.

A segunda categoria era formada pelos candidatos oriundos dos Colégios Militares, ou os "CM", que eram provenientes dos estabelecimentos de ensino do Exército espalhados por várias cidades, de caráter assistencial, e que tinham assegurado o ingresso à Escola por mérito intelectual durante o 1° grau, em um limite de vagas pré-estabelecido.

Havia, também, candidatos que vinham de Colégio Militar e que tinham sido aprovados no concurso de admissão, e havia candidatos que já eram militares, como soldados que prestavam o Serviço Militar e foram aprovados no concurso de admissão.

Assim, nesse ambiente composto por pessoas de todas as regiões do Brasil, de costumes diferentes, sotaques e vidas pregressas diversificadas, mas com o mesmo ideal, começou a se formar o amálgama em que se tornaria a Turma Collecchio-Fornovo. Mas, naquele primeiro momento, éramos um bando de voluntários idealistas, desorganizados, mimados, assustados, desunidos e ansiosos, mas com muita vontade de vencer.

O período de adaptação tinha uma sequência: entrega de documentos, corte de cabelo, recebimento de uniformes, exames de saúde, testes físicos e o recebimento das primeiras lições de ordem unida e da disciplina militar.

O corte de cabelo era, por si só, uma atração. Víamos os colegas candidatos chegando com topetes e franjas e, em seguida, perdendo-os para o incessante ruído da máquina do barbeiro, passando o pente de número dois e ceifando as madeixas de nós outros, que, por muitos e muitos anos não as veríamos florescer outra vez.

Começamos a receber armários e todo o material fornecido pelo Exército: uniforme de aula, de instrução, de passeio, de educação física e a tirar medidas para a confecção do uniforme de passeio completo e de gala.

Recebíamos camiseta, camisa, bibico, gorro, quepe, calça V.O. (verde-oliva), calção, meia, cinto, fivela, insígnias, brasões, etc. Uma variada gama de peças de uniformes que até então desconhecíamos e que tínhamos de conferir, experimentar e ajeitar para uso em um futuro próximo.

Também refizemos os testes físicos e fomos submetidos a nova inspeção de saúde.

À medida em que corríamos de um lado para o outro, nas múltiplas atividades, íamos conhecendo a beleza e a grandiosidade da nossa Escola, a quem não pertencíamos – ainda – e que seria nosso lar pelos próximos três anos. E que nunca deixaria de sê-lo.

Outra novidade, para a maioria de nós eram as refeições. Servidas em um refeitório imenso, em mesas de dez lugares, logo tomamos contato com o mate gelado e o indefectível "Kaol" no café da manhã, mistura de leite em pó com café.

Esse era outro ponto que nos afastava das mordomias que tínhamos em casa e nos fazia valorizar a comida que era preparada por nossas mães. O rancho era bom o suficiente para matarmos a fome e repormos as energias, que nos eram exigidas desde a manhã até a noite.

Também nos foram sendo passadas as primeiras noções de instrução militar, com sessões de ordem unida e noções de hierarquia e disciplina, uniformes e hinos e canções.

Na ordem unida, nos esforçávamos para adotar o porte e as posições ensinadas, bem como para acertar as direções comandadas e para coordenar braços e pernas durante os deslocamentos. Começaram a sobressair, nessas sessões, os candidatos mais "raros" e com maior dificuldade de coordenação e atenção. Paulatinamente, todos foram se adaptando aos comandos e transformando-se em candidatos mais "safos". A vontade de passar por aquele portão nos impulsionava a cada dia.

Nessa fase, éramos instruídos, conduzidos e orientados por dois "veteranos", alunos do terceiro ano voluntários a auxiliar a administração em nossa chegada e adaptação, preparando-nos para o dia da efetivação da matrícula e da entrada pelo portão dos novos alunos.

Esses dois companheiros mais antigos – hoje reconhecidos e admirados – passaram a capitalizar nossas frustrações e nossa ira, então, pelo contato direto que tinham conosco, pelas atividades diuturnas em que nos conduziam e pelas broncas e "enquadradas" que nos dispensavam, cumprindo fielmente sua tarefa de nos apresentar a disciplina militar e suas múltiplas peculiaridades.

À noite, após encerradas todas as atividades do dia, nos reuníamos próximo à televisão para assistirmos o Jornal Nacional e, alguns, a novela. Naqueles dias, a Globo exibia a trama "Final feliz", às dezenove horas e "Sol de verão", às vinte.

Esse período de "tranquilidade" vivido no período de adaptação teria um fim quando os alunos mais antigos – calouros e veteranos – chegassem. O singelo ato de assistir televisão não mais seria possível para nós, bichos, isso constataríamos em breve...

À noite, no imenso alojamento com mais de uma centena de camas iguais, as quais aprendêramos a arrumar no padrão exigido, aproveitávamos para extravasar e, assim, surgiam as saudações, inicialmente engraçadas, mas logo tornadas inconvenientes, pela repetição e quebra do silêncio necessário ao sono:

"– Boa noite, Mary Hellen", dizia um, imitando o encerramento da série icônica da nossa infância, nos anos 1970, chamada "Os Waltons".

"- Boa noite, John Bob!" Respondia outro.

Aí, geralmente degenerava:

"-Boa noite, fulano!"

"- Boa noite, beltrano!"

"- Boa noite, fdp!"

Então, começava a confusão, até que um dos veteranos nos colocassem em nosso lugar e restabelecessem o silêncio...

No período de adaptação ainda não tínhamos a condição de militares, que só viria depois da matrícula, a 21 de fevereiro. Então, nessa fase, era permitido que um candidato desistisse da matrícula, permitindo à Escola convocar outro candidato do concurso de admissão para completar a vaga, o que não seria possível após a matrícula.

Assim, alguns companheiros, ao verificar que aquela vida não era o que desejavam para si, deixaram a Escola e novos camaradas chegavam, necessitando que o grupo se esforçasse para deixá-lo nas mesmas condições dos que lã já estavam.

Também era um período de adaptação a uma vida de horários rígidos, muitas atividades e hábitos diferentes em relação à vida civil. Muitos de nós foram apresentados ao barbeador pela primeira vez, e muitos rostos foram cortados nesse período.

As semanas escoavam-se e, à medida em que se aproximava o dia da matrícula, aumentava a nossa expectativa quanto à chegada dos veteranos. Sabíamos, pelas histórias dos que tinham pais ou irmãos que já tinham passado pela Escola, da má fama dos trotes e do tratamento dispensado a nós, bichos.

Uma semana antes da data esperada, eles chegaram.

Veteranos, os mandachuvas da Escola, soberanos e boçais, a eles era concedido, por édito quase divino, o direito a reinar sobre nós, meros candidatos a alunos do primeiro ano.

Calouros, bichos no ano anterior, obviamente mais antigos que nós e livres, aproveitavam as brechas e as oportunidades nas ausências dos veteranos para nos atormentar.

Temos de admitir que, após a chegada dos alunos mais antigos, nosso grau de esperteza e de atenção aumentara significativamente, por uma simples razão: sobrevivência.

Já sofrendo os primeiros trotes, chegamos ao dia 21 de fevereiro de 1983, uma segunda-feira com um sol de verão em um céu limpo, o dia que ficaria marcado para sempre em nossas vidas.

Formados na Praça Cidade de Campinas, ante os oficiais e praças da Escola, seus professores, funcionários civis e na presença de nossos pais, amigos e familiares (aqueles que puderam atender ao convite, o que não fora possível a muitos, pela distância), formamos oficialmente pela primeira vez, uniformizados, após passarmos pelo Portão de Entrada dos Novos Alunos, em trajes civis.

Coube ao candidato mais novo, ao lado do Comandante da Escola, a honra de abrir o portão para a nossa passagem.

Após transpormos o portão, trocamos de roupa e fomos incorporados à tropa formada, constituída pelo Corpo de Alunos da Escola.

Cantamos a Canção do Exército e a Canção da EsPCEx, desfilamos, com orgulho e pouco alinhamento e éramos – enfim – alunos, militares do Exército Brasileiro.

Também nesse dia foi feita a transmissão do cargo de Comandante da Escola e seu Diretor de Ensino ao Coronel de Infantaria Romildo Cahim por seu antecessor, Coronel Nialdo Neves de Oliveira Bastos.

Naquele dia ensolarado, não ultrapassamos apenas um portão. Cumprimos nosso rito de passagem à vida adulta, deixamos nossas vidas cômodas pela busca de um ideal, por nossa independência, nossos sonhos e ideais.

&
***

Cap 3: Os anos da nossa formação.

A década de 1980 entrou para a História como "a década perdida".

Analistas, historiadores e intelectuais culpam a estagnação econômica e as crises políticas como os fatores decisivos para que aqueles anos ganhassem tal denominação.

Entretanto, para a Turma Collecchio-Fornovo, foram os queridos e saudosos anos de formação, a despeito das crises e turbulências econômicas e políticas que grassavam pelo país e pelo mundo afora.

Confinados em regime de internato, com atividades que se estendiam até a noite, sem acesso ou com pouca oportunidade de assistir aos noticiários da TV – mormente como "bichos" – era difícil acompanharmos as evoluções dos quadros político, econômico, social e até desportivo.

***

Nesse último, chegamos a 1983 com o Brasil tentando entender e superar a "Tragédia do Sarriá", quando fora eliminado pela Itália, ainda nas quartas-de-final do mundial da Espanha.

O Flamengo havia conquistado o segundo título nacional do clube, ao derrotar o Grêmio. Era o grande time de Raul, Leandro, Adílio, Nunes, Tita & cia, liderados pelo grande Zico.

Em maio de 83, a imortal equipe da Gávea levantaria novamente o título nacional, após derrotar o Santos.

Em 1984, o Fluminense de Parreira e do "Casal 20" Assis e Washington, levantaria o caneco, após empate com o Vasco, no Maracanã, em maio daquele ano.

Já em 1985, assistimos ao Coritiba vencer o Bangu, tradicional equipe do subúrbio carioca, nos pênaltis, novamente no Maracanã, levando o primeiro título nacional para o Estado do Paraná.

Nos demais esportes, vimos a ascensão do vôlei como o segundo esporte na preferência do povo brasileiro, fenômeno que se refletiu em alguns companheiros, que se tornaram adeptos praticantes desse esporte.

Assistimos, nesse período de 1983-1985, aos Jogos Olímpicos de Los Angeles, e à solitária medalha de ouro de Joaquim Cruz, nos 800m rasos.

Na Fórmula 1, Nelson Piquet conquistava o título mundial da categoria pela segunda vez, na temporada de 1983, enquanto, no ano seguinte, estreava Ayrton Sena, que alcançaria o patamar de ídolo e símbolo do orgulho nacional, em meio a tantas decepções para os brasileiros, na economia e política.

***

Na música, tivemos a ventura de viver na plenitude a febre do rock nacional, com o surgimento de bandas e grupos como Blitz, Paralamas do Sucesso, Ultraje a Rigor, Kid Abelha, RPM, Legião Urbana, Barão Vermelho e muitos outros. Eram anos de numerosa – e qualificada - produção musical, tanto no Brasil como no mundo, e muitas faxinas intermináveis e extensas horas em serviço de plantão e, principalmente, os muitos momentos de saudades, foram amenizados ao som de Michael Jackson, Madonna, Duran Duran, Lionel Richie, The Police, Cindy Lauper, The B-52's, Men at Work, Guilherme Arantes, Tim Maia, Roupa Nova, Lulu Santos, Ritchie, Phil Collins, Sting, Tears for Fears, Van Halen, Yes, Rádio Táxi, e tantos outros...

Nesse contexto musical, em setembro de 1983, o cantor Djavan lançava a canção "Superfantástico", que se tornaria um grande sucesso, adotada pelo programa "Balão Mágico", da Rede Globo, que, mais tarde, serviria de nome informal – e maldoso – dado pela nossa turma à turma seguinte, os privilegiados e mimados bichos do ano de 1984, salvos de nossa sanha de vingança por uma mudança radical na distribuição dos alunos, como trataremos mais adiante.

***

No ano de 1983, pouco tempo dispensamos aos programas de TV, pois, simplesmente, "bicho" não podia assistir à televisão. Quando um esticava o pescoço para dar uma olhadela furtiva em algum programa, jogo de futebol, filme ou noticiário, logo era escorraçado por algum veterano ou calouro e, de quebra, recebia uma tarefa como lustrar sapatos, fivelas e insígnias de metal ou passar roupa.

Somente depois da libertadora "Noite de São Bartolomeu", pudemos ter direito a ver televisão, não significando tal regalia ter o comando do seletor de canais...

Em 1984, já calouros do segundo ano, juntos em uma só companhia de alunos, corríamos após o almoço para ver o Globo Esporte e um programa de videoclipes, o que era uma novidade à época.

Aos sábados à tarde, a disputa pelos melhores lugares à frente da TV era para assistir ao programa "Cassino do Chacrinha".

Em 1985, os bibicos reservavam (ou pretendiam fazê-lo) os lugares para a audiência fanática da novela "Roque Santeiro".

***

No campo político, foram os anos da chamada "redemocratização", quando teve lugar a corrida pela sucessão do último Presidente da República do ciclo militar, General João Figueiredo.

Acompanhamos a chamada campanha pelas "Diretas Já", que levou multidões às ruas das capitais dos estados, mormente em São Paulo e Rio, quando os partidos de oposição ao regime, ex-exilados, artistas e esportistas procuravam influenciar os congressistas, por meio da pressão popular, a aprovar a chamada emenda constitucional "Dante de Oliveira", que estabelecia eleições diretas para os cargos de Presidente e Vice-Presidente da República, já no próximo pleito.

A votação na Câmara Federal ocorreu no dia 25 de abril de 1984, e a emenda foi derrotada, apesar de ter recebido 298 votos a favor e 65, contra, mas necessitava de dois terços dos votos. O próximo presidente seria, então, escolhido por meio de eleição indireta, no Colégio Eleitoral.

Nos últimos meses de 1984 e em janeiro de 1985, acirrou-se a disputa entre os candidatos da situação, Paulo Maluf (PDS) e o de oposição, Tancredo Neves (PMDB). Com o apoio de dissidentes expoentes da situação, como Antonio Carlos Magalhães, Hugo Napoleão e José Sarney, foi articulada a Frente Liberal, que, em coligação com o PMDB formou a Aliança Liberal, em prol da eleição de Tancredo, tendo Sarney como vice, apesar de resistências de caciques da oposição, liderados por Ulisses Guimarães.

Em 15 de janeiro de 1985, o Colégio Eleitoral reuniu-se e deu a vitória a Tancredo Neves, por 480 a 180 votos.

Terminava, assim, o ciclo militar à frente dos destinos do Brasil, e ficamos apreensivos com a possibilidade de revanche a ser cobrada pelos derrotados pelo movimento de 64, o que não tardaria a acontecer.

Nesse quadro, assistimos à agonia do presidente eleito até o desenlace, em 21 de abril, com sua morte, e a consequente ratificação da assunção, por José Sarney, da Presidência, que assumira, provisoriamente, em 15 de março de 1985.

***

No cenário internacional, nossos vizinhos argentinos viam a queda do regime dos generais-presidentes, marcado por extrema violência dos grupos terroristas de esquerda e pelos agentes do Estado.

Após a derrota fragorosa na disputa pelo arquipélago das Malvinas com a Inglaterra e em meio ao caos financeiro, o regime não suportou a pressão das ruas, da imprensa e da classe política e ruiu, culminando com a eleição de Raúl Alfonsín, a 10 de dezembro de 1983.

Nos Estados Unidos, o governo do republicano Ronald Reagan, que substituíra a Jimmy Carter, em 1981, obstinava-se na oposição e derrubada dos regimes ditatoriais da "Cortina de Ferro", liderados pela então União Soviética, o que acirrou a chamada Guerra Fria naquela quadra.

Em busca da supremacia militar perdida, enviou um contingente militar ao Líbano, cujo aquartelamento foi atacado por bombas terroristas, a 23 de outubro de 1983, causando a morte de 241 militares. Dois dias depois, invadiu a ilha caribenha de Granada, em 25 de outubro, onde, em poucos dias, derrubou o governo marxista, de orientação soviético-cubana, cujas forças militares eram suportadas e treinadas por assessores militares daqueles países. Foi a maior operação militar dos EUA desde a Guerra do Vietnã.

Reagan seria reeleito para um segundo mandato, em 6 de novembro de 1984, impulsionando sua luta pela derrocada do comunismo, que culminaria com a queda do Muro de Berlim e o fim da URSS e seus satélites.

No lado oposto, a URSS vivia a chamada "Era de estagnação", com o fracasso da economia planejada, em meio ao atoleiro do Afeganistão e à crise do petróleo, sob a batuta de Leonid Brejnev, que sucedera ao icônico Nikita Khruschov. Brejnev morreria subitamente, em 1982, tendo sido sucedido por Yuri Andropov, um ex-dirigente do sinistro KGB, que, por sua vez, morreria em fevereiro de 84.

O sucessor de Andropov, Konstantin Chernenko, não teria vida longa, e morreria em março de 1985, abrindo espaço para a ascensão de Mikhail Gorbatchov, oriundo do Cáucaso, mas com família ucraniana. Ciente da necessidade da reforma do estado soviético, vital para sua própria sobrevivência, Gorbatchov, com sua política da *Glasnost* (transparência) e *Perestroyka* (reestruturação), acabaria por levar à URSS ao fim, o que não seria sua intenção, como defendem analistas do período.

O que contribuíra para a queda do Império Soviético e da própria URSS fora, também, a luta iniciada por sindicalistas poloneses, em Gdansk, outrora Danzig, cidade às margens do Báltico, capital da Pomerânia, a mesma Danzig que pertencera à Alemanha.

Sob a bandeira do sindicato "Solidariedade", organização independente do Partido Comunista Polonês, Lech Walesa e seus companheiros protestavam contra o alto custo de vida e por melhores condições de trabalho, além de lutarem por concessões e direitos, até serem presos e o sindicato colocado na ilegalidade pelo governo do General Jaruzelski.

O ex-eletricista Walesa, católico, teve o apoio de outro polonês ilustre, Karol Wojtyla, o Papa João Paulo II, ferrenho defensor da causa da liberdade.

A luta de Walesa e do Papa fora a primeira fissura no então aparentemente sólido Bloco Soviético, e culminaria com a queda do regime comunista na Polônia e a ascensão do ex-líder sindical à presidência do país europeu, em 1990.

No cone sul do continente americano, além de Brasil e Argentina, viu-se o Uruguai terminar com o ciclo de intervenção militar, em primeiro de março de 1985, com a eleição de Júlio Maria Sanguinetti, do Partido Colorado, ao cargo de Presidente da república, pondo fim ao regime que vigorava desde 1973.

No Chile, o governo continuava sob a tutela dos militares, com Pinochet à frente do regime que derrubara o governo socialista de Salvador Allende, também em 1973 e que viria a sucumbir em 1990.

No vizinho Paraguai, o regime de Alfredo Stroessner, que vigia desde maio de 1954, prosseguiria até encontrar um fim, por meio de um golpe de estado, em fevereiro de 1989.

***

À tudo isso assistimos, mais ou menos inteirados das transformações que o mundo, a sociedade, o país e os costumes viviam, em meio às atribulações de estudantes e às voltas com as regras e imposições da vida militar, aproveitando as poucas horas de folga diariamente, os finais de semana livres, os feriados e as pequenas férias, quando tentávamos viver tudo e saber do que acontecia, no agitado mundo dos anos 1980.

&
***

Cap 4: Vida de bicho.

Não era nada fácil ser aluno do primeiro ano – bicho – da Escola Preparatória de Cadetes do Exército, no ano da graça de 1983.

Terminada a fase de adaptação, os alunos do primeiro ano foram distribuídos pelas companhias de alunos, onde se dividiam em pelotões.

Na 1ª Companhia de Alunos, havia um pelotão de alunos do terceiro ano (veteranos), um pelotão de alunos do segundo ano (calouros), e dois pelotões de bichos. Era a relação bichos x calouros/veteranos mais vantajosa para os primeiros: 1:1.

Na 2ª Companhia de Alunos, a relação era de 1:3. Para cada bicho, havia dois calouros e um veterano. Um pelotão de bichos, dois de calouros e um de veteranos.

Já na 3ª Companhia de Alunos, a situação era mais difícil para os bichos: 1:3, com um pelotão de bichos para um de calouros e dois de veteranos.

Os veteranos reinavam, absolutos. Senhores de vida e morte dos bichos. Calouros do segundo ano só aplicavam trotes na ausência dos veteranos. Era a ética do trote, o acordo Tácito. Tinham liberdades até o limite em que seus interesses se chocavam com os dos veteranos. Aí, não tinha conversa. Os veteranos eram os "reis da *merda*", como se dizia. Tinham um ano de reinado, até virarem novamente bichos na Academia Militar, onde voltavam a ser a "*merda* do rei" ...

***

Bicho não podia dormir antes das 22 horas.
Não podia assistir à televisão.

Não podia frequentar os grêmios (salas de jogos) das companhias, a não ser para fazer faxina ou quando "convidado" para levar trotes naquelas dependências.

Bicho não podia, em hipótese alguma, entrar no cassino da Sociedade Recreativa e Literária.

Bicho só poderia passar nos setores de armários dos calouros e veteranos em passo acelerado.

Bicho tinha de pedir permissão para entrar no banheiro, na sala de estudo, ou em qualquer lugar onde houvesse um aluno mais antigo presente.

Bicho não podia guardar, manter ou possuir gêneros alimentícios (biscoitos, chocolates, balas, etc.) no armário, sob pena de confisco imediato.

Além das regras acima, havia muitas outras, explícitas ou não, e outras além, inventadas na hora, de oportunidade, para benefício do veterano do momento.

***

Nós bichos éramos, também, prestadores de serviço em tempo integral, e sem remuneração, algo como escravos do século XX.

Logo nos tornamos especialistas em polir fivelas e insígnias de metal dos uniformes; a lustrar coturnos e sapatos; a arrumar camas; a passar uniformes e a engomar fardas de serviço.

Havia veteranos que contavam com verdadeiros "Ajudantes de Ordem", bichos que tinham as chaves dos armários de seu veterano e já cuidavam automaticamente do uniforme, dos metais e dos calçados que usariam no dia seguinte.

Bichos também eram utilizados para buscarem artigos na cantina, para entregarem coisas a outros veteranos, etc. Quando a "encomenda" era para um veterano de outra companhia, havia o risco provável de ser submetido a vários trotes naquela companhia.

Na ética dos veteranos, porém, bichos não podiam ser levados para outra companhia. Eram como gado, de propriedade dos veteranos da respectiva companhia.

Bichos tinham de saber contar piadas e discorrer sobre os mais variados temas, sob pena de ter de "pagar" flexões de braço, cangurus e pulinhos de galo.

Era comum chegarmos na companhia à noite, após a última atividade do dia, que era o estudo obrigatório nas salas de aula, aprontarmos nosso material para o dia seguinte, levarmos alguns trotes, nos "safar", fazermos a higiene para, então, nos dirigirmos até o alojamento, percorrendo o longo vestiário para, no último momento, sermos surpreendidos por algum veterano, levarmos mais trotes, pagarmos mais algumas flexões e exercícios para, então, depois de liberados, tomar banho novamente, trocarmos de roupa e nos esgueirarmos até a cama.

Aliás, "esgueirar' era a ação mais executada por nós. Éramos especialistas em não aparecer, em permanecer invisíveis, em adotar técnicas de simulação, dissimulação e mascaramento. Rapidamente, nos tornamos exemplos de puro *Darwinismo*: nos adaptamos, para sobreviver naquele meio-ambiente hostil.

***

Os trotes variavam desde os com finalidade prática (para o veterano), como passar roupa, lustrar metais ou limpar calçados, até os mais estúpidos, como o "peitômetro", no qual o veterano aplicava socos no peito do bicho até ver onde ele suportava, "medindo", assim, sua força.

Havia os trotes puramente físicos, como os de "pagar" flexões de braço, na barra, subir na corda, fazer cangurus, pulos de galo ou a "completa de 10", quando o bicho tinha de realizar dez repetições de cada exercício.

Haviam trotes engraçados, como o rádio, no qual dois veteranos, torcedores de times opostos, trancavam um bicho dentro de um armário de aço e este último tinha de narrar um jogo entre os dois times rivais, o que levava os veteranos a golpearem e balançarem o "rádio", até o final da partida, quando saía atordoado do armário. Frequentemente, esses jogos resultavam em empate, para não desagradar nenhum dos oponentes.

Havia trotes para testar a sagacidade do bicho, como quando o veterano mandava o bicho subir em um armário e comandava: "- Diz penca!". A esse comando, o bicho atirava-se ao chão, o mais espalhafatosamente possível, na intenção de cumprir a ordem. O veterano o fazia repetir várias vezes, até o bicho compreender que era para dizer "penca".

***

A criatividade dos veteranos era ilimitada. Raramente escapávamos. Mas, às vezes, havia uma ou outra "vingança".

Houve casos de bichos que, revoltados, ou cansados de serem usados como lacaios, preenchiam o interior do sapato do veterano com graxa; faziam vincos errados nas calças; riscavam as fivelas de metal; e outros pequenos atos de rebeldia, quase sempre descobertos e objetos de castigo ainda maiores.

Houve um bicho que, trancado em um *freezer*, deveria, ao sair, segundo a ordem do veterano que o mandou entrar, representar como se tivesse chegado a um lugar desconhecido, em uma espécie de nave. Cercado de outros veteranos, ele emergiu do *freezer*, tremendo de frio, após (muitos) minutos e, representando seu papel, vendo que o veterano que o prendera no *freezer* era alto e de cor, exclamou: "– Onde estou? Que mundo estranho! Vejo um gorila horrendo à minha frente!". Não preciso dizer o quanto foi castigado, por ter feito o veterano passar papel de bobo ante seus pares.

Também outras pequenas vinganças eram feitas, como dizer que o veterano não estava, ou que tinha saído, quando a namorada desse ligava no telefone da companhia...

E, assim, fomos sobrevivendo até a libertação, após a Noite de São Bartolomeu.

❋ ❋ ❋

Nem só de escapar dos trotes vivíamos nós, bichos.

Cumpríamos uma rotina que se iniciava com a formatura para o café da manhã. No café, consumíamos pão com margarina, banana com aveia e Karo, café preto ou o indefectível "Kaol", mistura de café com leite em pó, que se assemelhava (na cor) ao líquido para polir metais, tão utilizado por nós.

Após o café, nos dirigíamos direto para a formatura do Corpo de Alunos ou para a formatura Geral, quando se reunia o Corpo de Alunos, as Divisões de Ensino e Administrativa, além dos militares da Companhia de Comando e Serviços, com seus oficiais e praças, que apoiava as atividades da Escola.

Em seguida à formatura, as turmas seguiam diretamente para as salas de aula.

No grande intervalo da manhã, havia a distribuição de um lanche. Cabia ao Subchefe da Turma apanhá-lo no serviço de aprovisionamento, atrás do pavilhão do rancho. A distribuição do lanche era uma verdadeira batalha campal. A turma avançava sobre a caixa do lanche e seguia-se uma bagunça generalizada. Quando o lanche não era do agrado da maioria, como, por exemplo, pão doce com recheio, mãos conhecido como "pão com *meleca*", este transformava-se em munição para uma batalha entre os alunos, para desespero do Subchefe, também responsável pela limpeza da sala.

Terminadas as aulas, seguíamos para a formatura do rancho do almoço. Formávamos por anos, ficando o terceiro ano mais próximos ao refeitório, nele entrando primeiro, seguido pelo segundo ano e, finalmente, por nós.

Por imperiosa necessidade causada pela fome, adolescentes que éramos, ainda em fase de crescimento, ou apenas pela conveniência de servir-se na frente dos companheiros e, assim, ter um pouco mais de tempo livre no intervalo do almoço, ou, ainda, para pegar os melhores pedaços de carne na linha de servir, formava-se o que chamávamos de "fila da fome", constituída por alunos que se posicionavam nas colunas mais próximas ao refeitório, e, ao se aproximarem da sua entrada, disparavam em direção às linhas de servir, em um passo quase acelerado, não permitido para a ocasião. Era quando o aluno do terceiro ano auxiliar do Oficial-de-Dia decretava:

"– Volta o primeiro ano!". E assim voltávamos a entrar em forma, atrasando a refeição e, por conseguinte, diminuindo o nosso intervalo do almoço.

Nesse intervalo, fazíamos a higiene, trocávamos o uniforme para a instrução da tarde, dávamos o último brilho no coturno e na fivela e saíamos do vestiário para a entre-ala da companhia, local da formatura da tarde, onde o capitão comandante transmitia ordens e recomendações.

Dependendo do dia da semana, a seguir à formatura da tarde, podia-se ter sessões de instrução militar; medidas administrativas, como provas e recebimento de uniformes, preenchimento de fichas, obtenção de documentos, vacinação, estudo obrigatório, testes psicotécnicos ou atividades diversas.

Às quatro da tarde, todos os dias, seguíamos para a sessão de Treinamento Físico Militar (TFM), onde nos deparávamos com a ginástica preparatória – aquecimento – conduzida por aluno do terceiro ano e, em seguida, os pelotões saíam para a corrida, liderados por seus tenentes, quando corríamos pelas ruas ainda vazias e desertas do Jardim Chapadão, bairro onde situava-se nossa Escola.

Terminada a corrida, o tenente nos chamava para realizar exercícios complementares na barra, subida na corda, flexões de braço e abdominais.

Corríamos para o banho e nos preparávamos para o rancho do jantar.

Em seguida ao jantar, higiene e deslocamento para as salas de aula, para o estudo obrigatório.

Nessa atividade, geralmente controlada por um aluno do terceiro ano, ficávamos na sala de aula até as 21 horas, sem muita liberdade para conversar e sem poder sair da sala.

***

Em agosto de 1983, após o regresso das escassas férias do meio do ano, limitadas a duas míseras semanas, começamos o treinamento para a cerimônia de juramento à Bandeira Nacional, que viria a ser realizada no dia 20 daquele mês, um sábado, quando prestaríamos o compromisso sagrado do soldado perante o símbolo da pátria, e momento em que seríamos confirmados como alunos da Escola Preparatória de Cadetes do Exército e, ainda, libertados dos trotes e do tratamento indigno dispensados aos bichos.

Sabíamos, também, que, à medida que se aproximava a formatura, a tradição da Escola dizia que viria a Noite de São Bartolomeu, última jornada de trotes e cerimônia extraoficial da nossa libertação.

Durante tardes inteiras, treinamos para a formatura solene.

Entramos e saímos do Pátio Agulhas Negras - espaço coberto de grama no centro do conjunto principal da Escola, utilizado apenas duas vezes ao ano, no compromisso à bandeira do primeiro ano, em agosto, e na formatura dos alunos do terceiro ano, em dezembro – dezenas de vezes ao dia. Treinamos as evoluções, as aberturas e fechamentos do dispositivo, a continência, o Hino Nacional e as palavras do compromisso sagrado.

Treinávamos, vibrando e ansiando pelo grande dia, quando nossos convidados assistiriam a esse momento especial, seguida de almoço e baile noturno.

No sábado ensolarado, a 20 de agosto, trajando uniforme de gala branco, emoldurado pelo magnífico prédio da Escola, esticamos nossos braços direitos e proferimos as palavras que ecoariam para sempre em nossos corações e mentes: " *Incorporando-me ao Exército Brasileiro, prometo cumprir rigorosamente as ordens das autoridades a que estiver subordinado; respeitar os superiores hierárquicos; tratar com afeição os irmãos de armas; e com bondade os subordinados. E dedicar-me inteiramente ao serviço da Pátria, cuja Honra, Integridade e Instituições, defenderei, com o sacrifício da própria vida!"*

***

Libertados duplamente, pelo compromisso solene e pela jornada noturna de trotes, passamos a viver uma outra realidade, um pouco mais amena.

Seguimos realizando provas e testes; aprimorando o físico; recebendo as instruções militares básicas; tirando serviço de plantão; fazendo faxina; saindo à cidade de Campinas às quartas-feiras à tarde, após a feijoada do meio-expediente; passeando ou viajando nos finais de semana e feriados; cortando o cabelo; enfrentando a fila do orelhão para telefonar; escrevendo cartas; sofrendo punições, perdendo finais de semana. E assim fomos, até o último evento que marcava o final do ano: o exercício de longa duração, ou acampamento, coroamento da instrução militar do primeiro ano, ou também, trote oficial dos nossos tenentes comandantes de pelotão...

&
***

Cap 5: Reunidos – vida de calouro.

Voltamos das férias de verão de 83-84 revigorados, esperançosos e livres da condição de "bichos". E, por que não dizer, também sedentos de vingança, prontos para continuar a tradição da Escola e ajudar a tornar a vida dos novos alunos – "bichos", portanto – um inferno.

Porém, quis o destino que não pudéssemos dar vazão aos nossos baixos – porém humanos – sentimentos.

Reunidos no auditório, ouvimos nosso comandante, Cel Cahim, dizer que as turmas seriam reunidas em uma única companhia, ficando a 1ª Cia para o primeiro ano, a 2ª para nós, calouros do segundo ano e a 3ª Companhia para os veteranos do terceiro ano.

Não fora um discurso da importância do proferido por Harold Macmillan, em 1960, quando utilizou a metáfora do *"Wind of Change"* para anunciar que os novos tempos trariam, inexoravelmente, a libertação das então colônias britânicas e, assim, o fim de seu império colonial, onde o sol nunca se punha. Mas a fala do comandante representara um vento forte de mudança e tornara explícita sua determinação de acabar com o trote na Instituição e representara, também, para nós, a frustração de viver o outro lado da situação que vivemos como bichos.

No entanto, já rezava o antigo aforismo que "o tempo é o senhor da razão". Os acontecimentos que estariam por vir provaram que, a despeito de nossa juvenil e contida revolta contra essa decisão, ela possibilitou que nos conhecêssemos melhor e que fosse criado entre nós um espírito de coesão que jamais nos abandonaria pelo resto de nossas vidas – no Exército ou fora dele.

***

Assim iniciamos o ano escolar de 1984 reunidos na 2ª Companhia de Alunos, cujo símbolo era o Leão. Havíamos deixado para trás alguns companheiros, que não lograram a aprovação ao segundo ano, tornando-se, assim, repetentes, ou "Reps", criaturas que viviam no limbo entre sua turma original e a de adoção forçada.

A sociedade distópica controlada pelo "Grande irmão", imaginada por George Orwell em 1948, quando o brilhante escritor inglês, isolado em um canto remoto da Escócia escrevera sua obra "1984", não chegaria para nós, felizmente, mas sim a implacável ação de Sherlock Tadinho, cuja obstinação levaria à drenagem do efetivo da turma e, também, a intensificar nossa união e amizade.

Como alunos do segundo ano e separados dos outros anos, pudemos desfrutar de paz e tranquilidade e vivenciar novas situações, dramáticas, divertidas ou arriscadas.

***

Mais um percalço em nosso caminho seria representado pelo nosso então comandante de subunidade, o capitão M.

M. não fora aluno da Preparatória, tendo ingressado diretamente na Academia Militar, onde obtivera a formação de oficial de Cavalaria.

Sua condição de não ter disso aluno da Escola, talvez o tenha levado a minimizar as situações vividas por nós alunos e, também, a tratar-nos com certa condescendência, o que nos irritava ainda mais.

Logo, seu desconhecimento das terminologias, gírias e lugares da Escola tornaram-se lendárias, e o fizeram motivo de troça em nossas conversas.

Para a turma, foi um ano difícil, em que perderíamos vários companheiros, alguns por mera imaturidade, fruto da adolescência, outros por desvios inaceitáveis para o meio, outros por falta de vocação e alguns, simplesmente, por não desejarem continuar na Escola.

Fato é que foi um ano movimentado.

Livres da condição de bichos, porém sem direito a aplicarmos trotes, logo esbarramos na rivalidade com a turma do terceiro ano, que ocupava a 3ª Companhia de Alunos.

Estabeleceu-se uma relação que levou ao atrito constante, e a necessidade de encararmos a realidade, que dizia que eles eram mais antigos e isso, no Exército, era lei, e devíamos nos resignar, talvez tenha sido o primeiro fator a amalgamar nossa coesão e a endurecer nosso espírito coletivo.

Já que não podíamos nos vingar dos trotes recebidos, e conscientes que o terceiro ano é quem deveria "reinar", voltamos para a própria turma e grandes amizades, golpes, confusões e frustrações ocorreram naquele ano.

***

As brincadeiras grassavam por toda a parte.

Bastava um de nós pegar o rolo de papel higiênico para ir ao banheiro para uma emboscada ser armada e o infeliz ser surpreendido por um balde de água fria enquanto fazia suas necessidades.

Houve, também, a temporada de saques aos "macetes" escondidos nos armários. Macetes eram as comidas, biscoitos, bolos, balas e chocolates que guardávamos no armário, que, geralmente, eram trazidos de casa após o final de semana.

Talvez a ação mais emblemática tenha sido o saque ao armário de FA.

FA era o mais safo dos safos, o rei dos saques, invicto até então. Para ele, tão bom quanto saborear os macetes, era descrever, elogiar e, até, criticar os produtos que encontrava, tudo perante sua "vítima", e para deleite da assistência.

Eis que a rotina de FA começou a ser levantada e seus hábitos, analisados.

Em uma segunda à noite, data ideal por ainda não ter dado tempo de consumir os macetes que trouxera de sua casa, no Rio de Janeiro, deu-se o ataque.

Seus companheiros o acompanharam até o alojamento, e cada um dirigiu-se à sua cama. O levantamento apontara que FA deixava as chaves do armário sobre os chinelos, à beira da cama.

No silêncio do alojamento, os atacantes ouviram o tilintar das chaves caindo sobre o chinelo, e aguardaram FA pegar no sono.

Escorregando se suas camas, apanharam as chaves e correram ao vestiário. Foi moleza. Abriram o armário e fizeram a colheita, que foi generosa, pois FA havia trazido grande quantidade e variedade de macetes. Após fartarem-se, mandaram acordar FA, que, desconsolado, assistiu aos vingadores consumirem os últimos biscoitos, pão de mel e chocolates, que eram distribuídos à assistência.

Assim foi o início do fim da esperteza de FA, que viria a sofrer duro golpe em sua reputação de safo, no ano seguinte...

A "brincadeira" dos saques acabaria por ali, mas a onda de saques levou a exageros. Armários eram arrombados, portas amassadas, valia tudo pelo prazer de saquear os macetes dos companheiros, e tais ações degeneraram em pequenos furtos, levando a baixas na turma por envolvimento em tais ocorrências.

***

Nesse contexto, surge a figura do "Sherlock Tadinho".

Implacável, o Tenente Tadinho, como fora apelidado, mostraria suas habilidades de astuto investigador, e, como consequência de suas ações, vários companheiros nos deixariam, por terem se desviado do bom caminho.

A cada semana, de repente, um companheiro desaparecia do nosso convívio e outros passavam a ser chamados pelo Sherlock improvável, e, ao fim da investigação, alguns eram convidados a pedir desligamento ou eram desligados.

Em uma espécie de *avant-première* das futuras colaborações premiadas, alguns eram envolvidos, e poucos provavam sua inocência.

Foi assim com a chamada "quadrilha do maleiro", em que alunos que furtavam objetos deixados por outros alunos em malas no depósito conhecido como maleiro, foram descobertos e desligados.

Também foi debelada, naquele segundo ano, a indefectível "esquadrilha da fumaça", em que alunos que faziam uso de maconha foram levados ao desligamento.

Sherlock Tadinho e o segundo ano promoveram uma verdadeira sangria nos efetivos da turma, que assistiu à partida de vários companheiros, em 1984.

Mas essa drenagem aumentaria ainda mais nossa coesão e nossa vontade de nos impor, como turma, e marcar época na história da Prep.

***

Naquele ano, o capitão M, sem dúvida, fora o protagonista, muito também por suas frases, que marcaram essa época, proferidas, muitas vezes, na cruel formatura da tarde, na entre-ala da companhia, em que eram dados avisos, recomendações e que não tinham hora para acabar.

Dentre suas frases, destacavam-se:

"– Você é um homem ou um saquinho de pipocas?"

"– Se um aluno deixa o sabonete no banheiro, ele deve voltar e encontrar o mesmo sabonete!"

"– O bolso existe e a mão vai naturalmente para ele!"

"– Meu amigo particular Cap. Santas Cruzes! "

E foram tantas outras, que o fizeram lendário...

***

Em nosso segundo ano, foi introduzida a atividade TADEC – Tempo de Atividade Desportiva Extra-Classe, que deveria ser cumprida entre o estudo obrigatório, ou Instrução Militar, e o Treinamento Físico, que era a última atividade da tarde.

Havia TADEC de corrida de fundo, de tiro, de lutas, de idiomas, de teatro, até.

Acontece que o TADEC teve início após a convocação das equipes desportivas da Escola, cujos integrantes não seriam relacionados para essa atividade, dedicando o tempo para os treinamentos das respectivas equipes.

Como alguns seriam cortados das equipes, por alguma falha no controle, acabaram sem inscrição em alguma atividade do TADEC, ficando com o tempo livre.

Como reza o ditado popular no Exército, que quem está sem missão está errado, esses desgarrados aproveitaram a brecha e fundaram o TADEC informal de futebol de salão, que não estava previsto.

Desta feita, a quadra externa ficava lotada no horário do TADEC, com outros alunos, de outras atividades, participando do "TADEC extra-oficial".

Logo, havia pessoal suficiente para formar vários times, que se revezavam na regra informal do "10 minutos ou dois gols".

E assim, o TADEC de futebol de salão durou até o final do ano, às vezes esvaziado pela pressão dos oficiais sobre os alunos dos outros TADEC, mas sempre com a presença dos fundadores, que não estavam em nenhuma relação.

***

Depois do tempo destinado às atividades do TADEC, era o horário do Treinamento Físico-Militar, ou TFM.

Naquele ano de 1984, tivemos uma autêntica overdose de "treinamentos para o TAF". TAF era a sigla para Teste de Aptidão Física, que consistia em alguns exercícios, como flexão na barra, abdominais e vários outros, sendo o principal deles a corrida de 3.200 metros.

A largada da corrida era na avenida Luís Smânio, na altura da vila dos oficiais subalternos. Seguia por essa avenida, margeando o muro da Prep até a rotatória, quando, ainda paralelamente ao muro, seguia pela frente da Escola, ao longo da avenida Papa Pio XII, até entrar novamente na Escola na altura da vila dos oficiais superiores, quando seguíamos pela alameda da capela, e entrávamos na alameda da Companhia de Comando e Serviços (CCSv), dávamos a volta no conjunto principal até a chegada, em frente ao pavilhão de comando.

Por excesso de zelo de nossos oficiais instrutores, ou, como desconfiávamos, para sua comodidade, 3 em cada 5 sessões de TFM da semana eram dedicadas aos tais "treinamentos".

Quando não treinávamos, fazíamos longas corridas pelo bairro do Chapadão, onde ficava a Escola.

Sem muito movimento na época, era a oportunidade de sairmos um pouco e vermos o mundo lá fora.

Corríamos, às vezes, até o parque do Taquaral, em um percurso de 8 Km, sempre cantando, principalmente o pelotão do Tenente Porto, que sempre puxava a canção:

"– A melhor coisa do mundo: é a mulher"

A pior coisa do mundo: é o homem sem mulher!"

***

Aquele ano orwelliano, cheio de reviravoltas, foi marcante em nossa trajetória na Escola, chegaria ao fim com o acampamento da Coudelaria e a promoção ao tão sonhado terceiro ano...

&
***

Cap 6: Nossos mestres.

Nossa passagem pela Escola Preparatória de Cadetes do Exército foi marcada pela atuação de nossos instrutores e de nossos professores, todos mestres que procuraram, além de nos passar os conhecimentos do curso, nos mostrar, também, a realidade da vida, em particular da vida militar.

Por meio de seu exemplo, do seu conhecimento, de suas atitudes e -até – por suas falhas, marcaram nossas vidas e hoje os recordamos com nostalgia, admiração e com muitas risadas.

Não devia ser fácil a tarefa a eles destinada, a de lidar com adolescentes longe dos pais, e que reuniam o espírito crítico e brincalhão de duas categorias: de soldados e de estudantes.

A maioria se desincumbiu brilhantemente desse mister; uns, com menos paciência; outros, com discrição; e poucos, sem pendor para a atividade.

***

Os instrutores eram os responsáveis pela nossa formação militar, pela avaliação constante e cerrada do nosso desempenho, por estimular e acompanhar nossas atitudes e atributos da área afetiva, tendo em vista nossa futura condição de cadetes da AMAN.

A eles competia cuidar da nossa vida administrativa, conduzir as formaturas, o treinamento físico-militar, a Instrução Militar, atividades diversas e toda a rotina da vida do aluno na Escola. Eram os responsáveis, também, pela aplicação de punições disciplinares.

Havia um tenente comandante de pelotão para cada duas turmas de aula. Assim, na 1ª Companhia de Alunos, em 1983, havia o 9°Pelotão, formado pelas turmas A1 e A2 e o 10°Pelotão (A3 e A4). Na 2ª Companhia, o 11°Pelotão, das turmas A5 e A6. Na 3ª Companhia, o pelotão do primeiro ano era o 12°, formado pelas turmas A7 e A8. No segundo ano, em 1984, estávamos todos na 2ª Companhia, distribuídos pelos 6°Pelotão (B1 e B2), 7°Pelotão (B3 e B4) e 8°Pelotão (B5 e B6). No terceiro ano, em 1985, os pelotões da 2ª Companhia, na qual continuamos, eram o 10° (C1 e C2), 11° (C3 e C4) e 12° (C5 e C6).

Acima dos tenentes havia o capitão comandante da companhia.

Além dos oficiais, nas companhias havia um Subtenente, encarregado do material; um Primeiro-Sargento, na função de sargenteante, responsável pela documentação e escalas de serviço, e seus respectivos auxiliares, cabos e soldados.

O Comando do Corpo de Alunos, era exercido por um Major ou Tenente-Coronel, que dispunha de um Estado-Maior, além da ascendência sobre a Seção de Educação Física.

As demais funções da Escola eram desempenhadas por oficiais, praças e funcionários civis, que exerciam as funções ligadas à administração, além da Divisão de Ensino, que abrigava nossos professores das matérias relativas ao curso do ensino médio.

Havia, também, outros setores, como Banda de Música, aprovisionamento, almoxarifado, Seção de Saúde, Hotel de Trânsito, Companhia de Comando e Serviços. Além desses, existiam os permissionários, que exploravam serviços de alfaiataria, fotografia e cantina.

Todo esse dispositivo era comandado por um Coronel, também diretor de ensino, que era coadjuvado pelo subcomandante e pelo Estado-Maior.

***

No primeiro ano, em 1983, nosso primeiro contato com um oficial foi com o então comandante da 1ª Companhia, Capitão Bicalho.

Sarcástico, diziam que não gostava de "bichos".

Sua frase marcante era: "– Sem subir nas árvores, à vontade! "

Conduziu nossa adaptação e ficamos pouco tempo sob seu comando, pois logo fora substituído pelo Capitão Berton, também da arma de Infantaria.

Berton nos conduziu até o final do ano, sempre de maneira muito tranquila e correta.

Também tinha frases que ficaram gravadas em nossa memória, como a história do boi Carambola, em que nos advertia a sempre ultrapassar uma cerca de arame farpado por baixo:

"– O boi Carambola foi passar uma cerca de arame por cima e depois ficou conhecido como boi Caram! "

Os comandantes de pelotão da 1ª Cia, em 1983, eram o Capitão Sanfelice, do 9° Pelotão (1° ano); Tenente Milanello, do 10° Pelotão (1° ano); Tenente Toledo, do 5° Pelotão (2° ano) e o Tenente Megale, do 1° Pelotão (3° ano).

O Capitão Sanfelice, oficial de Cavalaria, era um grande gozador e era quem ditava o ritmo dos instrutores da 1ª Cia, até por ser um capitão em função de tenente. Parecia se divertir com as famosas "bisonhadas" que nós, bichos, cometíamos, a cada segundo. Mandar-nos para a piscina, a cada erro nas seções de ordem-unida, era seu esporte preferido e fonte de suas risadas. Acontece que, em 1983, ainda não havia a piscina, somente uma escavação onde seria – um dia – construída. Naqueles dias de calor, ser mandado para a piscina não era nada agradável. O aluno tinha de correr até o local, "atirando-se" no buraco e rolando na lama que se acumulava no fundo, voltando completamente sujo, o que lhe daria trabalho redobrado na limpeza do uniforme, do coturno e da arma, além do vexame, claro. "Tio Sanfa" tinha seus "peixes" favoritos, principalmente em seu 9°Pelotão, que sofriam com seu espírito sarcástico e implacável. Mas a ele devemos muito da nossa evolução, em pouco tempo, graças a seus métodos incisivos e eficientes.

***

A 2ª Companhia, em 1983, era comandada pelo Capitão Damico, oficial de Artilharia com especial gosto pela limpeza da subunidade, sendo famosos os faxinões das quartas-feiras, quando o meio-expediente era substituído por uma faxina geral das dependências, em que ficavam empenhados, especialmente, os alunos do primeiro ano.

Na 2ª Cia, os comandantes de pelotão eram o Capitão Roncolatto, do 2°Pelotão (3° ano); Tenente Ribeiro, do 6° Pel (2° ano); Tenente Porto, do 7° Pel (2° ano) e Tenente Fernando, do 11° Pel (1° ano).

***

A 3ª Companhia era comandada pelo Capitão Santos Cruz, e tinha como comandantes de pelotão o Tenente Nascimento Dias, do 3°Pelotão (3° ano); Tenente Francisco Edson, do 4°Pelotão (3° ano); Tenente Lima Neto, do 8°Pelotão (2° ano); e o Tenente Tadeu, do 12° Pel (1° ano).

***

Em 1984, todo o segundo ano foi reunido na 2ª Companhia de Alunos, sob o comando do Capitão Matarézzio, da Arma de Cavalaria. Eram comandantes de pelotão os Tenentes Fernando, do 6°; Porto, do 7°; Marco, do 8°; e Ramos, do 9°.

Nosso Capitão comandante sofria com a nomenclatura dos locais da Escola, das suas tradições e peculiaridades, já que não fora seu aluno. Tornou-se famoso por tais gafes, sob nosso crítico e implacável escrutínio, e as histórias que contava nas formaturas após o intervalo do almoço, na entre-ala da 2ª Cia, valeram-lhe vários apelidos.

Os tenentes Porto e Fernando, ambos da Arma de Comunicações, já vinham do ano anterior na mesma companhia.

O Tenente Porto era exigente na apresentação individual e quanto à arrumação de armários e salas de aula. Baixara uma Norma Geral de Ação (NGA) do 7°Pelotão, que determinava quais itens o aluno deveria possuir, bem como padrões para encapar e etiquetar livros, cadernos e materiais diversos. Tudo para evitar, segundo ele, que alguns espertinhos não tivessem o material próprio e vivessem emprestando dos companheiros. As corridinhas do 7°Pelotão, pelo bairro do Chapadão, eram sempre muito divertidas, com canções que nos estimulavam e distraíam.

O Tenente Porto também ganharia um lugar especial em nossa turma, mormente entre os que tiveram a ventura de integrar o 7°Pel, em 1984. Ele sempre procurava nos orientar para vários aspectos da vida, do namoro ao casamento, e nos exortava a aproveitar a vida de aluno e as belezas e atrativos da cidade de Campinas.

Também ficaria marcado por suas frases e expressões:

"- O golpe não é válido. O golpe só é válido em clube de marginais!"

"- Gigante!"

"- O 7° é o 7° e o resto é o resto!"

O Tenente Fernando era tido como um instrutor "safo", experiente e que também gostava de nos contar histórias sobre a vida.

O Tenente Marco, de Artilharia, que também não fizera o curso da Escola, tendo cursado a homóloga EPCAr, da Força Aérea, ocuparia seu lugar em nossa história como o Sherlock, que investigou várias situações delicadas sobre companheiros que se envolveram em atitudes incompatíveis com a condição de aluno de um estabelecimento de ensino militar, e muitos foram desligados ou pediram seus desligamentos após constatada sua participação nessas ocorrências.

Já o Tenente Ramos, da Arma de Cavalaria, era um instrutor tranquilo, simpático, de pequena estatura física e bom contador de casos. Ganharia o apelido de Teco-Teco.

***

No terceiro ano, em 1985, permanecemos na 2ª Companhia de Alunos, o que nos poupara da trabalhosa troca de armários para outro pavilhão de subunidade.

Devido à drenagem nos efetivos da turma, ao longo dos dois anos anteriores, por repetência, desistência ou desligamento *ex-officio*, fomos reunidos em seis turmas de aula, da C1 a C6, com apenas três pelotões, em lugar dos quatro de costume.

Comandava a companhia o Capitão de Infantaria Renê César.

O Capitão Renê mudou a nossa turma.

Mexendo com nossos brios, provocou uma reação positiva e elevou nossa autoestima.

Nos fez enxergar que as adversidades e as agruras sofridas teriam de ser incorporadas, processadas e assimiladas, resultando em uma carcaça que nos fortaleceria ante dissabores e contrariedades futuras.

Amalgamou nossa turma e a fez enxergar que, para alcançarmos o respeito que merecíamos, teríamos de conquistá-lo por nossas atitudes e exemplos, e não por um dado cronológico ou mero determinismo hierárquico.

Não foi um processo fácil, nem tampouco simples. Mas foi eficiente.

Chegamos ao final do ano conscientes do nosso potencial, serenos quanto a nossa autoridade moral e mais confiantes para encarar os desafios da Academia Militar, para onde se dirigiria a maioria da turma.

O Capitão Renê César era um oficial experiente, exemplar e motivador.

Suas atitudes firmes e sua determinação lhe renderam nossa admiração, mas também nos motivaram a colocar alguns apelidos, como "Dono da Escola" e "Mengele".

No comando do 10°Pelotão estava o Capitão Silva Braga, de Infantaria, que era casado com a irmã de um dos integrantes da turma. Tranquilo e experiente, também deu sua contribuição para o sucesso da mudança promovida pelo comandante da companhia.

À frente do 11°Pelotão estava o Tenente Noel, lembrado com muito carinho e consideração pela turma, por sua postura de amizade e pelas orientações constantes. Artilheiro, carioca e flamenguista, suas tiradas espontâneas e rápidas divertiam a turma e descontraíam o ambiente.

O comandante do 12°Pelotão era o Tenente Paulino, um cavalariano gaúcho, que gostava de contar histórias sobre a vida de oficial, sobre sua arma e causos da vida militar. Sua voz aguda também nos legou frases inesquecíveis:

"- Não se faça de louco, Sargento-de-Dia!"

"- Mocidade, filho custa em dólar!"

"- Quando vejo um Esquadrão de Cavalaria avançar, me arrepio todo!"

***

Acima dos comandantes de companhia estava o Comandante do Corpo de Alunos (CA).

Tivemos três Comandantes do CA.

Em 1983, o inesquecível Tenente-Coronel Newton Bonumá dos Santos, oficial de Cavalaria.

Extremamente calmo e polido, gostava de nos transmitir ensinamentos sobre a profissão militar, e nunca perdia a oportunidade de nos orientar, contando casos em que participara, nos brindando com experiências de sua profícua carreira.

Era um oficial exemplar, mas que também não escaparia do espírito crítico peculiar da turma, que imitava sua voz de comando característica e que lhe legaria o apelido de *"Interferon"*, por suas constantes interferências nas instruções, apesar de sempre acrescentar observações pertinentes e úteis.

Em 1984, foi nosso Comandante do CA o Tenente-Coronel Moraes, da Arma de Infantaria. Discreto, foi bem menos marcante que o Ten Cel Bonumá, do ano anterior. Ficou marcada em nossa memória sua maneira particular de exortar e animar a torcida, por ocasião da disputa da NAE, que fora realizada na escola, naquele ano. Com a intenção de nos estimular a apoiar as nossas equipes, sem provocar ou ofender nossos rivais da FAB e da Marinha, puxava um grito de guerra tão simples quanto sem graça, que, reforçado por seu indefectível sotaque gaúcho, provocava risos escondidos entre nós: "-Vamos ganharrr! Vamos ganharrr!"

No terceiro ano, em 1985, tivemos como Comandante do Corpo de Alunos o Tenente-Coronel Sampaio, também de Infantaria. Igualmente discreto, não deixou muitas lembranças em nossa turma.

***

Como Comandantes da Escola, também Diretores de Ensino, tivemos o Coronel de Infantaria Romildo Canhim, que assumira o comando no mesmo dia de nossa matrícula e entrada solene pelos portões da Escola.

Ao longo de dois anos, o Cel Canhim nos conduziu, tendo alcançado seu propósito de diminuir sensivelmente os trotes aos novos alunos, deixando sua marca em nossa turma como o responsável pela nossa reunião em uma só companhia, o que colaborou para nossa união, mas que também provocou a insatisfação dos que queriam a vingança pelos trotes sofridos...

O Coronel Canhim seria promovido a General de Brigada e, em 1993, seria nomeado Ministro Chefe da Secretaria de Administração Federal, no governo do Presidente Itamar Franco. Faleceria em 2006, aos 73 anos de idade.

Nosso segundo e último comandante da EsPCEx foi o Coronel de Artilharia Manoel Fenelon Saraiva Câmara, no ano de 1985.

Ficaria marcado por sempre nos incentivar a estudar, o que, afinal, era sua principal missão, como comandante de uma escola. Porém, sua insistência no tema nos irritava, provocando sua inclusão em nossa "lista negra" dos pouco queridos pela turma, ainda que sem fundamento racional para isso. Essa implicância deveu-se à pouca maturidade e ao nosso espírito mordaz de soldados-alunos.

O comando do Cel Câmara acabaria de forma trágica, com sua morte absurda e lastimável, ao ser atingido por disparos de fuzil por um soldado de serviço que enlouquecera, em janeiro de 1986, no mesmo dia em que nos apresentávamos para seguirmos para a Academia Militar das Agulhas Negras.

***

De toda essa equipe de oficiais e praças, responsáveis por nossa instrução militar, tínhamos um contato diário e mais próximo com os tenentes comandantes de pelotão.

Eram responsáveis por inspecionar o pelotão diariamente, conferindo a apresentação individual, dos sapatos ao bibico. Contavam com a ajuda de adjuntos de pelotão, alunos do terceiro ano que precediam a inspeção do oficial, conferiam as faltas e apresentavam a fração pronta ao seu comandante, para as formaturas.

Os comandantes de pelotão nos instruíam em diversas matérias do ensino militar, em sessões de instrução realizadas à tarde, após o intervalo do almoço.

No primeiro ano, os tenentes tiveram trabalho para nos transformar em soldados, nas sessões de ordem-unida. Primeiro, a "pé firme", ou seja, parados. A entrada em formação, as tomadas das posições de sentido, descansar, as voltas e meias-voltas, tudo observando os detalhes das posições das mãos, ângulo dos pés, peito estufado...

Depois, veio a ordem unida em movimento, quando braços tentavam ser coordenados, alternando-se com os passos, acrescidos da preocupação com as mãos à altura da fivela, à frente, e os braços esticados, para trás. Nessas horas, víamos as cenas engraçadas de amigos como se fossem robôs, sofrendo para não avançar o braço com o pé do mesmo lado e coisas assim. Os que apresentavam maiores dificuldades, iam para a "escolinha", onde faziam um intensivo individualizado. Quando o instrutor perdia a paciência, pagavam flexões, cangurus, ou iam correndo até uma árvore, para trazer algum tipo de folha específica. Quando o desempenho coletivo era muito ruim, o pelotão todo pagava. Era comum, então, corrermos para despertar nossa atenção, após a ordem do tenente:

"- Quando eu disser "já", quero todos correndo até a goiabeira mais próxima!" Ou:

"- Quero ver o último a me trazer uma folha de mangueira!"

Não é preciso dizer que as "pagações" e correrias aumentaram significativamente quando foi introduzido o fuzil àquelas sessões. O conjunto formado pelo aluno e sua arma demorou a se acertar...

Porém, nem só de ordem-unida se constituía o programa de Instrução Militar.

Havia as sessões de "banquinho", quando nos reuníamos em salas para aprender assuntos teóricos, como regulamentos diversos, hierarquia e disciplina, boas maneiras, higiene e saúde etc.

Nessas instruções, aprendíamos sobre várias situações e particularidades da vida militar, e nelas o instrutor geralmente nos transmitia informações além do escopo da vida do aluno, aproveitando para discorrer sobre as atribuições do oficial, vida pessoal e outros ensinamentos valiosos.

Os comandantes de pelotão, também, aplicavam as punições disciplinares mais leves, como advertências verbais e repreensões; a Suspensão da Dispensa da Revista do Recolher (SDRR), quando o aluno tinha de retornar até as 21 horas, para atender à formatura do Pernoite; o Licenciamento Sustado (LS), quando o aluno não podia sair da Escola, nos finais de semana; e o Impedimento à Companhia (IC), em que o aluno tinha de permanecer no interior da companhia. Em alguns casos, a punição era aplicada pelo Comandante da Companhia, nos mais graves, pelo Comandante do CA e, em último grau, pelo Comandante da EsPCEx. Essas últimas, as de maior gravidade, publicadas no Boletim Interno da Escola e suas gradações iam da Detenção, Prisão, até a Exclusão Disciplinar.

A dinâmica da aplicação da punição se iniciava quando o aluno recebia um Fato Observado (FO), que podia ser emitido por oficial ou aluno do terceiro ano na função de Auxiliar do Oficial-de-Dia, Adjunto ou Sargento-de-Dia. Era quando o aluno era "torrado", na expressão da época.

O aluno do terceiro ano, ao observar a falta cometida, geralmente enquadrava o faltoso, com a fatídica expressão:

"- Avance o logaritmo!"

Anotava o número, nome e pelotão do aluno infrator e a observação seguia para a Companhia respectiva, onde era processada pelo sargenteante e encaminhada para o Comandante da Companhia, ou, por delegação desse, para o respectivo Comandante de Pelotão do possível transgressor.

A relação dos faltosos era fixada no quadro de avisos e, nos horários apropriados, o aluno dirigia-se ao oficial, para ser ouvido sobre o fato.

Era a chamada "hora do pato". O "pato" éramos nós...

À frente do oficial, o aluno tinha de convencê-lo da sua inocência, ou atenuar a eventual punição.

Na maioria das vezes, após tentar justificar sua falta, o aluno ouvia a seguinte réplica do oficial:

"- Explica, mas não justifica!" Significava que a punição viria.

Havia os que conseguiam se "safar", os que justificavam em parte e os que eram "peixes". Mas a maioria ia para a relação dos punidos...

***

A postura desses oficiais e o exemplo que nos transmitiram nos serviriam de parâmetros parra nossas próprias vidas e escolhas futuras.

A eles, capitães e tenentes comandantes de pelotão, o nosso reconhecimento, apesar das flexões, cangurus e, eventualmente, finais de semana perdidos por alguma punição.

*****

Pela manhã, a nossa atividade diária eram as aulas do ensino médio, ministradas por professores civis e por militares do então Quadro do Magistério.

Após a entrada em formação para o café da manhã, voltávamos a nos reunir para a formatura matinal, que poderia ser feita na entre-ala da companhia, ou na Praça Cidade de Campinas (PCC), quando era conduzida pelo Corpo de Alunos ou pelo Comandante da Escola, nesse último caso, com todos os setores a participar, somando-se aos CA a Divisão de Ensino, a Divisão Administrativa e a Companhia de Comando e Serviços, tudo ao som da Banda de Música da Escola.

Em seguida à formatura matinal, as turmas eram deslocadas para as respectivas salas de aula, que se localizavam no corredor do segundo piso.

À chegada do professor, o aluno escalado como Chefe de Turma ordenava que todos ficassem em pé, comandava "sentido" e apresentava a turma de aula ao professor, independentemente da sua condição, militar ou civil.

Para efeitos hierárquicos, os professores civis eram equiparados ao posto de Major.

Tivemos professores inesquecíveis.

Como não lembrar do Ten Cel Abreu, de Matemática? Como esquecer suas equações imensas e complexas, que ocupavam o quadro todo, e que só ele, ou algum gênio, poderia solucionar, ou quando apagava a lousa com o próprio bibico?

Como não mencionar nossas "musas" Maria Angélica, de Biologia, e Marilda, de Química; a simpática Vera Lúcia, de Inglês, a Maria de Lourdes (VooDoo), de Português, Sílvia, de Artes, Neusa Fook, também de Química, dentre outras?

Lembremos do Cel Rudy, de Matemática, e da estratégia de fecharmos os corredores com as carteiras, para dificultar sua passagem; do Major Zani, também de Matemática, vulgo "Zanimal" e sua risada sarcástica e suas respostas nada politicamente corretas.

Havia o folclórico Jacques, de Inglês, vulgo *Jacaré*; o *Pombo*, Jair, de Matemática; o Baltazar, ou *Baita Azar*, de Português; o louco Chimentão, também de Português; o professor Oswaldo, vulgo *Gepeto*.

Tivemos o Ten Cel Aimar, de Geografia, conhecido pelos superlativos e exageros; o Major Vitor, de Física, e suas histórias de paraquedista; o Cel Herculano, de História, que fora cadete do então Presidente, João Figueiredo; o Ten Cel Wagner, vulgo *Combatente*, cujos arroubos o levavam a atirar pela janela os cadernos e livros dos alunos que estudavam outra matéria em suas aulas de Física ('- Tá traindo!"); o Maj Nelson, de História, chamado *"Coca-Cola"*; Ten Cel Braga e

Meirelles, de Descritiva, que vieram para salvar os pendurados na matéria, no terceiro ano; o Ten Cel Aldo, oriundo das Forças Especiais, de Educação Moral e Cívica; o professor Leonardo, de Informática; o professor Radomile, de História; e o professor Arraes e suas engraçadas aulas de laboratório de Física.

Houve outras e outros professores, militares e civis, de várias matérias, que se esforçaram para nos passar os ensinamentos e nos preparar para as provas e para a vida.

O resultado do trabalho de nossos professores eram medidos pelas provas, as chamadas "VE", de peso um, e as "VC", de peso dois. Eram aplicadas no imenso Salão Osório.

Alguns sofreram com nossa disposição em aprontar, mas a maioria desincumbiu-se muito bem da tarefa de enfrentar nossa ousadia e energia.

Uns mais rigorosos nas correções de provas, outros mais generosos, alguns mais conversadores e simpáticos, outros carrancudos e sérios, porém todos ficaram marcados em nossa memória e fazem parte importante daqueles três anos de muito "papiro".

&
***

Cap 7: Competições & acampamentos.

As Forças Armadas brasileiras sempre apoiaram e incentivaram o esporte em suas fileiras, e o Exército, em particular, esteve à frente, como pioneiro, na formação de atletas, muitos dos quais alcançaram grandes feitos fora do âmbito militar, projetando o nome do Brasil perante cenário mundial.

Nosso primeiro medalhista olímpico, por exemplo, fora o Tenente Guilherme Paraense, que conquistara a medalha de ouro na prova do tiro de pistola, nas olimpíadas de Antuérpia, na Bélgica, em 1920.

Desde então, o esporte foi abraçado na Força, como uma forma de manter a higidez da tropa, a capacidade do militar de resistir às agruras do combate e, também, como forma de educar e disciplinar seus integrantes, além do congraçamento que proporciona.

Na Escola, a tradição desportiva fazia-se presente, desde o início da vida do aluno na Instituição.

De início, havia a Taça Alvorada, disputada entre os pelotões do primeiro ano, para observar e revelar os novos alunos, visando à montagem das equipes que representariam a companhia no primeiro grande evento esportivo do ano, a "Olimesco", ou "Olimpíadas Escolares".

Na Olimesco, as três companhias de alunos disputavam, em uma semana de competições, a honra de ser a campeã da Escola, enfrentando-se nas modalidades de Atletismo, Basquete, Futebol, Judô, Natação, Tiro, Triatlo e Voleibol.

Em 1983, sagrou-se campeã a 3ª Companhia de Alunos, que possuía dois pelotões de veteranos, o que lhe conferia mais experiência e entrosamento de suas equipes.

Em 1984, com as companhias abrigando cada um dos três anos, a rivalidade entre as subunidades atingiria seu ápice. Nossa turma, reunida na 2ª Cia, antagonizando com a Turma Vilagran Cabrita, do 3° ano, não conseguiu superá-la, tendo ficado em segundo lugar em todas as modalidades, exceto no Vôlei, quando conseguimos a "façanha" de perder para a 1ª Cia, do primeiro ano, e assistimos, novamente, a 3ª Cia levantar a taça.

Em nosso último ano na Escola, na condição de veteranos, ganhar a Olimesco tornou-se obrigação, quase que a salvação da nossa honra.

Felizmente, conquistamos o título de 1985, superando o primeiro ano e, sobretudo, os nossos então mais recentes rivais, o segundo ano, que apelidáramos de "Turma do Balão Mágico", em alusão ao programa infantil da época, pois os considerávamos mimados e protegidos, por terem (involuntariamente, é verdade) escapado aos trotes que sofrêramos.

A Olimesco, por sua vez, tinha a finalidade primordial de revelar os atletas que integrariam as equipes que representariam a EsPCEX na competição entre suas homólogas, da Marinha do Brasil e da Força Aérea Brasileira, o Colégio Naval e a EPCAr.

A partir da Olimesco, realizada ao fim do primeiro trimestre, as equipes eram convocadas e iniciavam a sua preparação para a NAE, como se chamava a competição entre as escolas preparatórias das três Forças Armadas.

Convocado, o aluno passava à condição de "atleta".

O atleta recebia algumas regalias, como mesas separadas no refeitório, com reforço na alimentação, não concorria ao serviço de escala e não realizava o treinamento físico com seu pelotão, permanecendo à disposição da sua equipe, para os treinamentos.

O atleta, também, obtinha, automaticamente, o grau dez na matéria Educação Física, caso atingisse, no mínimo, o grau sete.

Como treinamento para a NAE, as equipes disputavam competições semelhantes contra o Colégio Militar do Rio de Janeiro e contra a Academia de Polícia Militar do Barro Branco, pertencente à Polícia Militar do Estado de São Paulo.

No segundo semestre, entre o final do mês de setembro e outubro, era disputada a NAE, o principal evento esportivo do ano, alternando-se sua sede em cada cidade que abrigava uma das escolas: Campinas (EsPCEx), Barbacena (EPCAr) e Angra dos Reis (Colégio Naval).

Em 1983, a XIX edição da competição foi realizada em Barbacena, sob a responsabilidade da Força Aérea e disputada em sete modalidades que contaram para o resultado final, acrescida do Triatlo, em caráter experimental. Nossa EsPCEX sagrou-se campeã, em uma disputa acirrada, obtendo o primeiro lugar no Basquete, Futebol e Natação.

No ano de 1984, quando éramos calouros do segundo ano, a Escola teve o privilégio de sediar o torneio, no período de 30 de setembro a 5 de outubro.

Recebemos as delegações da Marinha e da FAB e, ao final das competições, a EPCAr sagrou-se campeã, devolvendo a derrota sofrida em casa para nós, no ano anterior.

No afã de apoiarmos nossas equipes, e motivados pela rivalidade principal, que era com a Marinha, elementos da turma, em uma ação digna dos comandos, sob o manto da noite, escalaram a parede, pelo cano de escoamento da calha, para alcançar a janela de uma dependência do segundo piso, onde estavam guardados os cisnes, símbolos e mascotes da Força "amiga". O "Comando do Pato", como ficou conhecido, capturou uma das aves, a manteve em "cativeiro", no porão da 2ª Cia, pintou-a de verde, e a soltou no Estádio da Fonte, momentos antes da partida entre o Colégio Naval e a EsPCEx, para delírio da nossa torcida e protestos veementes da delegação da Marinha, que exigiu a punição dos responsáveis pelo ousado feito. Semanas depois, foram advertidos, mais um reconhecimento que um castigo...

Outra tentativa de fustigar os nossos adversários navais deu-se quando um outro comando se reuniu para bombardeá-los com saquinhos d'água, enquanto dormiam. No entanto, tal intento foi frustrado pela ação do nosso comandante da 2ª Companhia, Capitão Matarezzio, que flagrou os assaltantes no momento em que partiam para cumprirem a missão. Na correria, muitos se livraram do flagrante, mas foram, aos poucos, sendo entregues pelos capturados e reunidos no Posto de Comando do capitão, onde foram inquiridos pelo colérico oficial, que já devia estar pressionado pelo Comando, por conta da ação de captura do mascote naval. Foi um momento tenso, a princípio, depois hilário. À medida que ouvia os nomes dos fugitivos, o capitão soltava uma expressão de contrariedade, provocando risadas incontidas. Ao ouvir o nome de um aluno, que vinha "matando" seus parentes para conseguir liberação para descansar no Rio de

Janeiro, o capitão replicou, indignado: "- Esse rapaz, com o pai à beira da morte..." Foi a gota d'água para uma explosão de risadas. Nem assim o capitão suspeitava do golpista. O episódio acabaria com algumas advertências e licenciamentos sustados.

No terceiro ano, a organização e hospedagem da competição coube ao Colégio Naval, em Angra dos Reis. Ficamos em segundo lugar, atrás da EPCAr, novamente campeã.

Além do congraçamento e da disputa que a NAE proporcionava, era, também, uma oportunidade para comparar a nossa situação com as demais forças. Nesse sentido, tanto na EPCAr como no Colégio Naval, tomamos conhecimento de uma novidade que, para nós, do Exército, levaria ainda muito tempo para ser adotada: a presença feminina. Tanto a FAB como a Marinha já tinham mulheres entre seus oficiais.

Ao término da NAE, os alunos-atletas voltavam a ser abóboras, ou seja, a participarem da Educação Física com a companhia e a tirarem serviço, aliviando a folga da escala para os não-atletas.

*****

Os acampamentos, ou "Exercícios no Terreno", eram o coroamento da instrução militar aplicada durante o ano.

Ao final do primeiro ano, em novembro de 1983, fomos para a região dos quartéis do 28°Batalhão de Infantaria Blindado e do 2°Batalhão Logístico Blindado, a poucos quilômetros da Escola, para passarmos cinco dias praticando as atividades inerentes à formação militar.

Era a primeira oportunidade de se tirar o "verniz" de civis que ainda pudéssemos ter, após quase um ano de vida militar. Era a hora de termos contato com a essência da profissão militar: a atividade de campo.

Recebemos o material na reserva do Subtenente da companhia: uma pequena mochila, o poncho, a manta, uma marmita e um conjunto de talheres articulados. Recebemos, também, cada um, o meio pano de barraca, um esteio dobrado em dois, umas estacas de queixo e cordas para ancorar os esteios ao solo, presas às estacas fincadas no solo. Com metade do material para erguer a barraca de duas praças, como era chamada, cada aluno tinha um "derrancho", um companheiro com quem dividiria a barraca.

Pegamos o fuzil FAL, de calibre 7,62mm, o cinto de guarnição, tipo NA, com um porta cantil contendo um cantil e seu caneco, um porta-curativo e um porta-carregador de fuzil.

Cheios de si, partimos, então, para o acampamento, um pouco amedrontados pelas histórias contadas pelos calouros e veteranos e pelas "ameaças" de acerto de contas dos oficiais, especialmente com os elementos mais raros da turma.

O deslocamento foi realizado a pé, em marcha de 8 quilômetros.

A semana foi repleta de atividades, como a montagem das pequenas barracas "de duas praças", pista de orientação com bússola, pista de progressão diurna e noturna e tiro de fuzil, dentre outras. No tiro, vimos várias situações em que alunos mais distraídos acertavam a placa indicativa do número do alvo, ao invés da silhueta em que deveriam disparar; alunos esquecendo de colocar a munição no carregador; alunos atirando no alvo do companheiro ao lado, enfim, uma série de ocorrências, fruto da pouca experiência, ou da "bisonhice", como diziam os oficiais, que cobravam caro cada falha praticada no estande de tiro.

Mas eram nas horas teoricamente destinadas ao descanso, ou às refeições, que a conta dos erros cometidos durante as sessões de instrução no campo eram cobradas.

Todos, em particular os mais bisonhos, pagávamos em forma de cangurus e pulinhos de galo, além dos incontáveis deslocamentos em forma, para as refeições. Na fila da linha de servir, quando o instrutor observava algum "peixe" tentando passar despercebido e incógnito, esse era logo desmascarado e exposto ao grupo, com seus "feitos" durante o ano, ou no acampamento, relatados. Então, o infeliz começava a retribuir por sua raridade, na forma de algumas séries de dez repetições de exercícios físicos. Outros eram, simplesmente, mandados jogar-se na lixeira, uma vala aberta na terra. A maneira como eram feitas essas cobranças eram, em geral, feitas com bom-humor e provocavam risos contidos e escondidos, menos para os alunos envolvidos, claro.

Pela manhã, a alvorada era sinalizada por uma explosão de simulacro de granada, efetivamente despertando a turma para o início das atividades. As explosões sucediam-se para marcar o início de praticamente todas aas atividades e para reunir a tropa em formação. Passaram a ser tão banais que, ao aproximar-se o final da semana, não provocavam mais sustos na alunada.

A semana esvaiu-se com muito suor, "pagações", correrias e até risadas, para culminar, na última noite, com o tradicional "Showlapa", união das palavras "show" e "solapa", momento no qual nossos "showmen" apresentavam a vingança contra os instrutores, imitando-os em seus trejeitos e bordões, para diversão geral. Até uma música satirizando as granadas lançadas pelos instrutores foi elaborada, parodiando uma canção da época, "Anunciação", de Alceu Valença: "...tu vens, tu vens, eu já escuto oficiais..."

Para a última noite, as pequenas barracas foram desmontadas e o pernoite foi realizado na modalidade bivaque, quando tivemos de contar com nosso poncho e manta para dormirmos.

Mas um exercício no terreno sem chuva não seria adequado à nossa turma, acostumada a adversidades.

No meio da noite, caiu um aguaceiro caprichado, como uma forma de batismo para os bravos alunos da Collecchio-Fornovo.

De volta à Escola, encerrou-se o ano letivo e fomos liberados para as merecidas férias, até fevereiro do ano seguinte.

***

Ao final do segundo ano, aconteceu o segundo exercício no terreno, dessa vez na região da Coudelaria de Campinas, área pertencente ao Exército Brasileiro.

Já mais "safos", partimos em marcha de 16 quilômetros e, lá chegando, fomos divididos em patrulhas, que prosseguiram percorrendo as oficinas de instrução, em forma de rodízio.

Nossa condição de calouros do segundo ano, a uma semana de concluir a segunda etapa do curso da Escola e, portanto, muito próximos da condição de veteranos e, portanto, "reis" do pedaço, nos garantiu certa empáfia, o que não estava no roteiro dos instrutores que trataram de nos chamar à realidade tão logo chegamos ao campo. Em resumo, pagamos muito naquele exercício. Nosso comandante de companhia e o Sherlock Tadinho cobraram toda a nossa pretensa esperteza, demonstrada ao longo do ano.

Ao final, nova marcha para o retorno à Prep e o tão esperado licenciamento de férias de final do ano, para voltarmos em 1985, como veteranos, "boçais e soberanos", como se dizia.

***

No terceiro ano, houve dois "exercícios de longa duração", como também eram chamados.

O primeiro deles foi em junho, na região de Pirapitingui, em Itu.

Lá chegando, foi avisado pelo "xerife", um dos raros da turma, escolhido a dedo pelo Capitão Renê, que haveria uma revista das mochilas e sacos V.O. e que qualquer comida, os "macetes", como chamávamos, seriam recolhidos. Foi uma correria geral. Os que tinham levado os tais macetes começaram a dividi-los com os companheiros, só para não caírem nas mãos dos instrutores. Alguns tiveram a brilhante ideia de escondê-los no mato, ou até, enterrá-los. Claro que olhos atentos viram essa manobra e os macetes enterrados foram recolhidos por outros alunos e divididos pelo pessoal.

Também marcante nesse exercício foram as sessões de ginástica com armas pelas manhãs, puxadas pelo indefectível xerife, que provocava muitos risos entre os participantes, pelo peculiar jeito de puxar a contagem do guia.

Fizemos longa pista de primeiros socorros, sessões de lutas, pista de cordas e pistas de orientação e de progressão noturnas, já bem mais safos e adestrados, resistindo bem ao frio intenso que marcou aquele acampamento.

O exercício foi encerrado com uma marcha a pé, em direção ao quartel do 2° Grupo de Artilharia de Campanha Blindado, em Itu, onde acantonamos no ginásio de esportes, retornando à Prep no dia seguinte.

O segundo e último exercício no terreno do terceiro ano ocorreu na mesma área dos quartéis de Campinas em que realizamos o acampamento do primeiro ano.

Já bem mais experientes e vislumbrando a formatura de encerramento do curso, que se aproximava, passamos uma semana recebendo instruções sobre comunicações de campanha, armadilhas e um pequeno exercício de patrulha. O ponto alto do exercício foi a prática de técnicas de sobrevivência.

Essa última jornada no campo acabaria, no entanto, em confusão.

Alguma patrulha, em uma instrução de orientação, acabou por atacar as árvores frutíferas do pomar da 11ª Brigada de Infantaria Blindada, o "pomar do general", em uma tentativa clandestina de driblar as restrições de alimentação impostas a nós como preparação para a prática da sobrevivência. Como não foi possível apurar os autores de tal malandragem, nem tampouco esses se acusaram, toda a turma foi punida com um final de semana de licenciamento sustado, o que provocou uma fuga em massa após a formatura do pernoite do sábado. Dezenas de alunos do terceiro ano pularam o muro e foram às ruas, fato que não passou despercebido pelo Oficial-de-Dia, que conferiu o efetivo de punidos e levantou facilmente quem havia deixado o quartel sem autorização.

No domingo, todos os fugitivos já estavam recolhidos ao xadrez escolar, onde passaram alguns dias...

Ao final desse quarto exercício no terreno do curso da EsPCEx, já não tínhamos mais o tal "verniz" e estávamos prontos para encarar os desafios que a AMAN colocaria, para muitos, a partir do próximo ano.

Retornamos à Escola e passamos aos preparativos para dizer-lhe adeus.

&
***

Cap 8: Aratacas, candangos, cariocas, gaúchos, mineiros, manauaras e paulistas.

Aratacas eram os alunos oriundos da região Nordeste do Brasil.

O termo designava o aluno de qualquer dos estados daquela região, indistintamente, apesar de existirem afinidades internas, como entre os que vinham de Recife, Salvador e Fortaleza, e que constituíam a maioria.

Com suas expressões, sotaques peculiares e bom humor característico, esses amigos compunham parte expressiva do efetivo da turma e muito contribuíram para sua coesão e força, graças a seu espírito inquebrantável de sertanejos.

Eram dos que moravam mais longe da EsPCEx e, por isso, amargavam longos períodos de distância de pais, irmãos, namoradas e amigos. As saudades de casa e da família eram administradas com a participação nos grupos religiosos, nas atividades esportivas e no Centro de Tradições Nordestinas (CTN), que cultivava as ricas tradições daquela parte do país na Escola, contando com a adesão de civis (garotas) da comunidade de Campinas.

Nossos companheiros aratacas conseguiam passar alguns poucos dias dos feriados prolongados em casa, devido aos dias reservados aos deslocamentos de ida e volta, sobrando bem pouco tempo para matar aas saudades. Alguns podiam realizar a viagem de avião, o que diminuía sensivelmente o tempo perdido nas estradas, e outros obtinham uma carona em aviões da FAB, mas com muita dificuldade.

A certeza do Arataca era rever sua gente nas merecidas férias do meio de ano, de duas semanas, e nas férias de final do ano, de cerca de dois meses de duração.

* * *

Os *Candangos* eram os que vinham da capital do país, Brasília.

Não importava se eram nascidos naquela cidade, então com apenas pouco mais de vinte anos de fundação. A quase totalidade dos candangos era de alunos oriundos do Colégio Militar de Brasília, filhos de oficiais ou praças que serviam naquela capital. Assim, não havia um sotaque característico desses amigos do Planalto Central, que conservavam o modo de falar de seus estados de origem, ou de seus pais. Havia candangos cariocas, candangos gaúchos, candangos aratacas e assim por diante.

Os candangos estavam na categoria intermediária com relação à distância entre a Escola e suas famílias. Não podiam ir para casa em um final de semana comum, mas em pequenos feriados, isso já era possível.

* * *

Os *Cariocas* representavam grande parte do efetivo da turma. Pela tradição do Colégio Militar do Rio de Janeiro, o mais antigo do Brasil, e por abrigar uma grande e importante concentração de unidades militares, em particular do Exército, havia muitos aprovados no Concurso de Admissão com origem naquela cidade, ao lado dos oriundos do seu colégio militar.

Os cariocas tinham tempo suficiente para deslocarem-se ao Rio de Janeiro em finais de semana comuns, apesar dos custos da viagem e do cansaço pela exiguidade do tempo.

Não era incomum alguns cariocas aventurarem-se pela Rodovia Dom Pedro, em busca de carona para a Cidade Maravilhosa, para economizar com os custos da passagem.

Na questão da proximidade com o lar, os cariocas perdiam apenas para os paulistas e campineiros.

Por serem em grande número, o sotaque carioca era bastante ouvido na Prep, e nossos bons amigos daquele estado, com seu espírito alegre e gozador, marcaram seu lugar na turma e muito colaboraram para sua integração e amizade.

****

Os *Gaúchos* eram quase como os aratacas, na questão da distância da terra natal.

Também se restringiam aos feriados prolongados para passar alguns momentos com a família, e tinham de esperar pelas férias para aproveitarem as benesses da casa materna.

Os gaúchos, à semelhança dos aratacas, também tinham um local para praticarem sua dança, com suas *prendas* campineiras, o Centro de Tradições Gaúchas.

Nossos amigos sulistas andavam pelo vestiário e salas de aula com seus aquecedores, cuias e bombas para o preparo e consumo do mate, e se comunicando com seu sonoro sotaque característico.

Esses irmãos, imbuídos do espírito do brasileiro da fronteira, logo ocuparam lugar de destaque na turma, como parte importante do amálgama que a constituiu e uniu.

****

Os Mineiros podiam ser subdivididos em duas categorias, quanto à origem geográfica.

Havia os mineiros do sul de Minas, mais próximos do Estado de São Paulo, a maioria composta por aprovados no Concurso de Admissão; e os mineiros de Belo Horizonte, na sua maior parte oriundos do Colégio Militar da capital do Estado.

Para os primeiros, a distância da Escola não era muita, o que lhes permitia visitar sua família aos finais de semana. Quanto aos que moravam na capital do Estado e além, tornava-se mais restrito o tempo disponível para essas viagens curtas, sendo mais frequente nos feriados prolongados.

Nossos amigos mineiros, também com seu sotaque marcante, integraram-se perfeitamente e nos apresentaram figuras humanas ímpares, que vieram a ser muito queridas pela turma.

***

Os *Manauaras* eram os alunos que tinham por origem qualquer estado acima do Distrito Federal, mas que não eram da região Nordeste.

Dentre esses, a absoluta maioria era proveniente de Manaus e do Colégio Militar daquela cidade, sendo constituída por filhos de oficiais e praças que serviam na capital amazônica.

À semelhança dos candangos, muitos não eram realmente daquela região, estando por lá apenas de passagem.

Locais ou não, fato é que, no quesito distância e dificuldade de acesso, naquela época, os manauaras eram os campeões.

Exceto por avião, viajar por meio terrestre só lhes permitia a oportunidade de fazê-lo nas férias.

***

Os *Paulistas* eram subdivididos em três categorias.

Havia os *Campineiros*, que tinham a ventura de ter a família na mesma cidade; os Paulistas propriamente ditos, que moravam na capital do Estado e os Paulistas do interior.

Os paulistas da capital estavam a apenas uma hora e meia de deslocamento, com farta oferta de horários de ônibus para sua cidade. Por isso, sofreram certo preconceito inicial, logo superado.

Os que moravam no interior, também eram chamados de *Capiaus*, e poderiam vir de cidades vizinhas a Campinas, do litoral, ou de outras regiões do estado, como Ribeirão Preto e Presidente Prudente, que eram mais distantes.

Com sotaque carregado do interior ou com o "italianado" típico da capital, também ajudaram a forjar o espírito altivo e vencedor da turma Collecchio-Fornovo.

***

Havia, também, um grupo numeroso de amigos vindos do Paraná, em particular de sua capital, onde funcionava o Colégio Militar de Curitiba.

Os estados do Espírito Santo, Mato Grosso do Sul e Santa Catarina também tinham representantes na turma.

***

Nos grandes licenciamentos, eram contratados ônibus para levarem os alunos a vários destinos, pelo Brasil.

Nessas ocasiões, os "especiais", como eram chamados, alinhavam-se no Pátio Miguel Roque, para embarque dos felizes aratacas, candangos, cariocas e gaúchos, que partiriam para reverem seus entes queridos.

Os especiais eram, também, espaços em que os bichos sofriam, em tempo integral, os trotes dos veteranos que comandavam o ônibus. Muitos foram espremidos no banheiro do veículo, na tentativa de se estabelecer novos recordes de bichos naquele minúsculo compartimento.

Nesse quesito, nossos amigos aratacas sofriam ainda mais, pois suas viagens nos especiais duravam vários dias, deixando-os à sanha dos veteranos e sua imaginação fértil e duradoura...

***

A despeito de nossa origem pelo Brasil, um momento comum era particularmente difícil, para todos nós: a hora de dizermos adeus, ao término das férias, feriados ou um simples final de semana.

Nesses momentos, em cada recanto do país, um aluno acenava e partia, certamente sentindo-se como o Dr David Banner, do seriado "O incrível Hulk", muito famoso e assistido nos anos 1980, quando o personagem, no encerramento do episódio, saía caminhando pela estrada, melancólico, com a bolsa a tiracolo e, ao fundo, o lamento do piano tocando os acordes de *The lonely man*...

***

Independentemente da origem geográfica, quis o destino que nos reuníssemos em Campinas, como integrantes da Turma Collecchio-Fornovo para, juntos, servirmos ao Brasil, vivermos momentos inesquecíveis e para constatar que, de cada canto deste país maravilhoso, sua gente é sua maior riqueza.

&
***

Cap 9: Histórias da entre-ala.

As entre-alas eram o espaço externo das subunidades, onde ocorriam as formaturas internas das companhias. Também, nas entre-alas aconteciam algumas instruções militares, principalmente as de ordem-unida, e as sessões preparatórias do Treinamento Físico-Militar, por vezes.

Na entre-ala da companhia, como extensão do vestiário, aconteciam as reuniões informais de alunos, no intervalo do almoço, ou na espera por alguma instrução ou atividade.

Nesses momentos, muitas brincadeiras, gozações e sacanagens eram engendradas entre nós, para desespero das vítimas de ocasião.

***

A música "Eu me OMO" surgiu em uma dessas ocasiões.

Paródia da canção "Eu me amo", sucesso do grupo Ultraje a Rigor, foi adaptada para servir ao único propósito de "enaltecer" os hábitos de higiene pouco frequentes de nosso amigo Pig.

"Há quanto tempo eu não tomo banho, tanto tempo faz, eu já nem lembro mais...sempre fedendo assim como um porco...Eu me OMO..."

***

Também na entre-ala presenciávamos as pérolas dos nossos instrutores, que se tornariam famosas.

Nas formaturas do terceiro ano, ouvíamos o Tenente Noel recomendar, assassinando a concordância em número: "- Alinhem os bico dos coturno!".

Ou, ao responder ao Capitão Renê, quando esse advertia a companhia para alguém que estaria cometendo alguma transgressão:

"- Tem nego que..." dizia Renê César.

"- Tem nego e branco também, capitão!" retrucava o espirituoso Noel, para o riso geral.

Na entre-ala, vimos o Tenente Porto, no segundo ano, discorrer, exaltado, sobre duas personagens que deveríamos evitar: o "Miguinho" e o "Tadinho". O primeiro era o aluno que se fazia amigo, mas que apenas colocava o companheiro em situações difíceis, sendo, na verdade, um "inimiguinho". Já o segundo era o aluno que nada tinha, sempre era o coitadinho, a "vítima do sistema", que pedia tudo emprestado aos companheiros, que não se esforçava, cujo temperamento puxava o ambiente para baixo.

***

Na entre-ala, condenamos o Judas, amaldiçoamos os papirões, lamentamos as punições e partilhamos as apreensões antes de uma prova de Descritiva. Lá, também, ouvimos as histórias chatas do Barão de Chatinhein; das aventuras do Zé, Machado e Miudim; do "mammy" do Geleia no Cocô; dos golpes do Safo; e da queda e reclusão do antigo mito, agora Manja.

***

Os momentos de camaradagem e descontração vividos naquelas horas de sol, nas dependências da 2ª Companhia de Alunos, estão entre os mais caros dentre as intensas experiências que assamos na Escola e são, hoje, motivos de lembrança, saudade e muitos risos.

&
***

Cap 10: Apelidos e gírias.

Em nossa intensa convivência de três anos, o espírito crítico e - muitas vezes - sarcástico da turma fez-se presente, especialmente, nos apelidos que foram criados e impingidos aos companheiros.

Muitas vezes, o apelido recaía sobre uma característica física, outras devido à origem, trejeitos, sotaques, comportamento, enfim, qualquer motivo que fosse percebido era aproveitado e o incauto recebia uma implacável – e eterna – alcunha.

***

O primeiro apelido surgiu logo no primeiro dia do período de adaptação, no vestiário da 1ª Cia.

Ao chegar o pessoal do Colégio Militar de Brasília, um gaiato apontou para um recém-chegado e gritou: "- Cocô!"

O segundo apelido surgiu imediatamente, ante as risadas de um terceiro, que recebeu a réplica, de bate-pronto: "- E você é o Xixi. Amarelo e nojento!"

Pronto. Cocô e Xixi. Fora dada a largada para dezenas de apelidos.

***

Na categoria morfológica, digamos, tínhamos o Baqueta, assim denominado pelo formato avantajado de seu crânio, agravado pela origem arataca de nosso querido amigo.

Também pelo crânio superdimensionado, havia o Cabeça, mais tarde recordista de pedaços de pizza no rodízio do Castelo.

Já o Mentira, grande camarada, fora apelidado por ter pernas curtas, e não por qualquer falha de caráter.

Nessa categoria, estavam, também, os amigos Batatinha, Magrão, Galinha, Geleia, Feto, Bigão, Cão, Neguetti, Passarinho e Deformado.

O Crec foi assim designado pela semelhança com um biscoito lançado à época, que era feito no formato de carinhas de monstros.

O Miudim era realmente pequenino, e recebeu a alcunha já com o sotaque mineiro de seus dois camaradas das cercanias de Juiz de Fora.

Por se parecerem com personagens, em uma subcategoria quanto à morfologia, podem ser incluídos o ET, por sua semelhança física (e comportamental) com a inesquecível criação do cineasta Spielberg, cujo filme fora lançado no fim do ano anterior, e que se encontrava no auge da fama; e o Bicudo, que se parecia com o lobisomem do desenho "Bicudo, o lobisomem". Já o Tatu era a cara do anão da série "A ilha da fantasia".

Havia, ainda, o General Urko, Neném, Peixe-Gato e Jimmy Cliff, esse último mais por se parecer com um instrutor que levava (escondido) o nome do cantor jamaicano.

***

Na categoria comportamental, logo surgiram o Neuro, por sua paciência limitadíssima; o Morto, por sua pouca resistência ao assédio de Morfeu; o Bisonho, por sua escassa atenção aos comandos de ordem-unida; os Irmãos Piruei, por sua avidez em cobiçar a sobremesa alheia; o Barão de Chatinhein, por sua chatice extrema; o Boca de Privada, por insistência em falar bobagens; e o Judas, por motivos óbvios.

Também havia o Homem de Java, ou Java, simplesmente, por seus hábitos nada delicados.

Também logo surgiu o Kid Ameba, uma junção de Q.I. de ameba e Kid Abelha, a famosa banda de rock nacional, que fazia muito sucesso naquela época.

O Favela recebeu tal codinome pelo comportamento franco e sincero ao extremo, que beirava a falta de polidez.

O Fly passou à posteridade pelo comportamento "voador".

O companheiro que passou a ser conhecido como Cebolão assim foi denominado por exalar odores nada agradáveis.

Também por não usar desodorante, tivemos o Zé Muco.

Nesse quesito, entretanto, ninguém superava o integrante da turma que passou à História como Pig. Uma das mais notórias e queridas figuras da turma, Pig fora assim apelidado por recusar-se a tomar banho com frequência, e por arranjar desculpas esfarrapadas para fugir á obrigação quanto ao asseio próprio. Era muito comum vê-lo malhando com pesos, no interior da companhia, até o limite em que não dava mais tempo para tomar banho antes do rancho do jantar. Aos que passavam por ele e o avisavam do adiantado da hora, ele respondia com seu bordão, que se tornaria famoso entre a turma: "- Olha a babaquice!"

***

Pela origem geográfica ficaram marcados o Baiano, o Bagé e o Xerém.

Também quanto à origem pode ser classificado o apelido do nosso inesquecível Zé Galinha, por ter vindo da pequena cidade de Campo Belo, nas Minas Gerais.

O Demônio, ou Demo, assim foi cognominado apenas por ter recebido como número de aluno o 666, o número da besta, nunca por seu espírito, alegre e camarada.

O Didi assim ficou por sua gagueira ao pronunciar o próprio nome de guerra.

Havia dois Jacarés, um do Pantanal e outro de Recife. Um pela origem, outro pela boca avantajada.

Também tínhamos o Bicho, o Blau-Blau, o Guelinho, o Cumpadinho, o Lig, o Antonio das Facas, o Cabrito e o Borzega.

Em reconhecimento, havia o 01.

***

Um curioso caso de apelido auto infligido aconteceu na saída para o exercício no terreno realizado em junho de 1985, no terceiro ano.

O efetivo da turma fora numerado e dividido em patrulhas, para a realização do exercício. Cada integrante da patrulha providenciou a colocação de seu número, pintado em esparadrapo e fixado na parte da frente do gorro.

Ainda na Escola, na entrada do rancho, antes do nascer do sol, no que se costuma chamar, no jargão militar, de "madrugada & confusão, os xerifes das patrulhas as colocavam em forma e tiravam as faltas, para apresentação ao Oficial-de-Dia.

Ocorreu que, o xerife de uma das patrulhas, exasperado, começou a chamar os números dos integrantes da sua fração, para que marcassem a presença.

Foi chamando:

"- 1-7-6!"

"- Presente!"

"- 1-7-7!"

"- Aqui!"

"- 1-7-8!"

"-Presente!"

"- 1-7-9!"

(Silêncio)

"- 1-7-9!" Com ênfase.

(Silêncio)

"- 1-7-9! 1-7-9! Quem é esse *babaca*? Com desespero.

Como o tal 179 não respondia, o xerife, indignado, passou a se lamentar:

"- Eu sabia! Esse cara quer me prejudicar! Sempre tem um *babaca*..."

Todos nós, das outras patrulhas, apenas ouvíamos o nervosismo crescente do camarada, no silêncio da noite. Até que um dos integrantes da sua patrulha rompe o silêncio:

"- Fulano, 1-7-9 é você!"

"- Ah, não! Sou eu!"

Foi o suficiente. Entrou para a História da turma como o 1-7-9.

***

Mas o supremo apelido, jamais superado, foi o do Manja.

O Manja era um camarada extrovertido, extremamente gozador, que tinha sempre uma carta na manga para mexer com algum companheiro, era um gozador por excelência, conhecido como o "safo dos safos".

Um dia, no segundo ano, durante uma despretensiosa conversa entre alguns amigos, em frente a área da televisão, no vestiário da 2ª Companhia, eis que o Safo solta uma observação extemporânea e descabida sobre as dimensões do órgão sexual de um terceiro.

Tal observação não passaria em branco.

Imediatamente, alguém o interrompeu e disse:

"- Manjou?"

Rapidamente, a alcunha de Manja foi arranjada.

Espalhou rapidamente.

Em questão de minutos e horas, toda a turma o estava chamando de Manja.

Sua reação foi, estranhamente, passiva. Não contra-atacou.

Como era um dos que mais brincava com os demais, havia muitos que esperavam por uma oportunidade de vingança.

Passamos a ver nosso amigo acuado, sendo assediado pelos mais "mongos" da turma, em uma típica "vingança dos Nerds".

O Manja, como agora era chamado por quase todos, foi se encolhendo, até afastar-se e sumir, deixando de ser o "safo" da turma.

Com esse "bullying" antes da moda, perdemos nosso querido amigo para outra Força.

*****

Ao chegarmos à Escola, no começo de 1983, nos deparamos com uma série de denominações, termos e verbos próprios da caserna e outros, em particular, pertencentes ao universo da própria EsPCEx.

Eram expressões e gírias com significados muito particulares, restritos ao universo do aluno, que remontavam – alguns – a tradições das escolas militares e ao Exército de um passado já então muito distante.

Primeiro, era preciso pegar o "bizu".

"Bizu" era o pulo do gato, a dica, a solução. Também servia para designar algo bom, uma vantagem ou melhoria. Havia o "bizu da prova", ou seja, o assunto que cairia no exame. Ser escalado de serviço no final de semana não era "bizu". Conseguir uma sobremesa extra era "bizu".

Era comum verificarmos no CELOTEX o cardápio semanal do rancho. Rancho era o refeitório, CELOTEX era o quadro de avisos. Era "bizu" ter feijoada na quarta-feira no cardápio, mas não era "bizu" ter "bife à rolê com bacon", a popular "carne de monstro", entre a alunada.

No café da manhã, era costume bebermos "kaol", que era o café com leite, cuja aparência era parecida ao líquido de polir a fivela do cinto e os metais da gola.

O aluno "safo" era o que sempre tinha o "bizu". Safo era o aluno esperto no bom sentido, atento, com tirocínio. Ser "safo" em excesso poderia significar encrenca, ser considerado malandro pelos oficiais. Era preciso ser "safo" na medida certa.

O antípoda do "safo" era o "treva", "mongo" ou o "raro".

O "safo" muitas vezes escapava à "jambração". Ser "jambrado" era ser submetido fisicamente por vários alunos; apanhar. O motivo, geralmente, era uma frase infeliz, uma piada ruim, uma atitude de "mongo" ou de "raro". O infeliz "jambrado" era simplesmente engolfado por um bando, em um assalto rápido e implacável.

Um motivo para sofre uma "jambração" poderia ser por uma "piruação". "Piruar" tinha várias interpretações. Podia ser tentar obter alguma coisa, uma sobremesa, por exemplo, ou algum outro "bizu" disponível. Podia-se "piruar" um lugar na equipe de basquete, ou na pelada de final de tarde. Mas havia, também, a "piruação" errada. Uma colocação fora de hora, na aula ou na instrução, algo que comprometesse a ética coletiva, ou uma simples "mongada". A "piruação" errada levava, geralmente, o autor a ser vítima de "jambração" imediata ou prometida.

"Torar" na instrução ou na aula era uma "piruação" errada. "Torar" significava dormir, ou tirar um cochilo rápido e, na maioria das vezes, inoportuno. A "hora da tora" era sagrada para alguns. Era o pequeno descanso após o almoço e antes do expediente da tarde.

Muitos aproveitavam o estudo obrigatório, à noite, para "papirar".

"Papirar" era o verbo para estudar. "Papiro" era o livro, caderno ou fonte de consulta. "Papirão" era o aluno que se dedicava ao estudo, independentemente do resultado. Estudar muito significava ser "papirão", mas nem sempre significava ter bons resultados. "Safo" também era quem obtinha boas notas sem "papirar" muito.

Logo incorporamos a terminologia praticada na Escola, e nossas conversas passaram a ser balizadas por aqueles termos e expressões que perduram em nosso universo até hoje.

&

***

Cap 11: Veteranos, enfim!

O ano de 1985 chegara e, com ele, nossa promoção ao terceiro ano e à condição de veteranos.

Os veteranos eram os donos da Escola, os mandachuvas, os onipotentes, os detentores de todo o saber.

Chegávamos para iniciar o reinado de um ano, tão esperado.

Após termos sido a última turma a compartilhar a mesma companhia com calouros e veteranos – e termos pago o preço em trotes e humilhações; depois de vermos deixados para trás vários companheiros, ceifados pela matemática; e após sofrermos com as frustrações e com a desidratação do efetivo da turma, no segundo ano, eis que estávamos prontos para nos impor como turma e encontrarmos o reconhecimento que almejávamos.

Porém, logo no dia marcado para nossa apresentação após o período de férias e início do último ano na Escola, constatamos que não estávamos tão prontos assim.

Ao chegarmos na nossa velha 2ª Companhia de Alunos, notamos, de imediato, um cartaz fixado no biombo de entrada do vestiário, colocado de maneira que não pudesse deixar de ser lido, por quem adentrava a subunidade. Continha a frase:

"Respeito não se impõe, adquire-se!"

***

Em breve saberíamos do que se tratava.

Após as efusões causadas pelo reencontro com os camaradas, já tarde da noite, fomos surpreendidos por apitos e ordens para que entrássemos "em forma", trajando uniforme de educação física.

Foi uma frenética atividade, em busca de calções, camisetas, meias e pares de tênis, perdidos em meio à bagagem que trazíamos para começar o ano.

Entramos em formação e partimos em uma corrida noturna, ainda aturdidos com a nada prosaica situação.

Ao final da corrida, fomos apresentados aos nossos instrutores, todos já conhecidos, com exceção do nosso novo comandante de companhia, Capitão Renê César Abreu da Silveira.

O capitão nos explicou, rapidamente, que precisaríamos conquistar o respeito da Escola, que isso não seria alcançado apenas pela condição de veteranos, e que seria preciso adquirir esse sentimento por meio do exemplo que tínhamos de dar aos primeiro e segundo anos.

***

Dessa maneira iniciamos nosso ano derradeiro na Prep.

Sempre que apresentávamos algum comportamento inadequado ou infantil, o Capitão Renê chamava-nos à realidade. Tantas foram as vezes que ele nos apelidou de "normalistas", em uma crítica bem-humorada aos nossos pudores e à falta de melhor atitude militar, em algumas situações.

Em outras situações, ele nos alertava sobre assumir nossas responsabilidades:

"- Soltou o rojão, segura a vareta!"

Nosso primeiro teste fora a OLIMESCO de 85, que vencemos, superando as provocações dos mais modernos e que nos trouxe a afirmação necessária para prosseguirmos na melhoria da nossa autoestima.

***

No terceiro ano, eram realizadas visitas a unidades militares, que tinham a finalidade de mostrar ao futuro Cadete da AMAN como eram as atividades das diversas armas, quadro e serviço nos respectivos corpos de tropa.

Iniciamos a série de visitas pela Infantaria, sendo recebidos no quartel do 28°Batalhão de Infantaria Blindado. Lá, assistimos à apresentação de uma subunidade de fuzileiros blindada, e percorremos um trajeto no campo com os blindados M-113.

Nossa próxima visita fora na 2ª Companhia de Comunicações Blindada, situada bem próxima à Escola. Na 2ª Cia Com Bld, conhecemos os meios de comunicações de campanha e as missões dos pelotões da unidade. Ao final da visita, houve o tradicional lanche, no qual eram servidos biscoitos e suco. Foi um vexame. Todos lançaram-se como famintos desesperados Às mesas, como um bando de gafanhotos, para vergonha (e risos contidos, também) de nossos oficiais e diversão dos anfitriões.

Foi mais uma oportunidade para sermos advertidos pelo nosso comandante, que condenou nosso reprovável comportamento. Também fora mais um aprendizado na direção do objetivo de ganhar o autorrespeito.

No mês de junho, após a realização do exercício no terreno em Itu, tivemos a oportunidade de conhecer as atividades da Arma de Artilharia, no quartel do 2° Grupo de Artilharia

Auto Propulsado e da 11ª Bateria de Artilharia Antiaérea.

Depois, conhecemos o quartel do 2°Batalhão Logístico Blindado, que nos mostrou as oficinas de Material Bélico e as atividades logísticas inerentes ao Serviço de Intendência.

No segundo semestre, antes da visita à Academia Militar das Agulhas Negras, paramos em Pindamonhangaba, no quartel do 2°Batalhão de Engenharia de Combate, onde fomos muito bem recebidos pelos engenheiros daquela unidade.

Assistimos à construção e pontes e portadas sobre o Rio Paraíba do Sul e participamos da Regata da Engenharia, remando em botes ao longo do rio.

À noite, comparecemos ao jantar oferecido pelo batalhão, no Círculo Militar local. Tudo corria bem, até que começamos a nos interessar pelas frutas que abundavam nos troncos das jabuticabeiras à entrada do salão em que seria realizado o jantar. Dezenas de nós subimos nas árvores para alcançar as jabuticabas, tal qual uma verdadeira nuvem de insetos predadores. Mais um vexame, mais admoestações e mais um aprendizado.

***

Seguimos em direção à cidade de Resende, no sul fluminense, e adentramos o Portão Monumental da AMAN.

Lá, tudo era grandioso, circunspecto e profissional.

Assistimos à impressionante formatura do Corpo de Cadetes no Pátio Marechal Mascarenhas de Morais e fomos conhecer os parques dos cursos, onde era ensinada a profissão militar.

Em um sistema de rodízio, fomos recebidos nos parques do Curso Básico, das Armas e da Seção de Instrução Especial.

Nossa visita seria marcada por um acidente, ocorrido no parque do Curso de Engenharia, durante a demonstração do emprego do lança-chamas. A turma que a assistia viu quando as chamas alcançaram um soldado que auxiliava o instrutor, causando grande comoção.

Conhecemos, ainda, o Conjunto Principal da Academia, onde se situavam as companhias dos cadetes, distribuídos em apartamentos, ao invés do enorme alojamento que todos nós compartilhávamos na EsPCEx.

Tivemos, ainda, a oportunidade de encontrar antigos veteranos e calouros, agora cadetes do segundo e primeiro anos da AMAN.

***

De volta à Prep, cumprimos a rotina do currículo escolar e suas atividades, participando – e vencendo – o Concurso de Ordem Unida e a Corrida da Artilharia, um revezamento de 1.000 metros disputado pelas equipes de cada pelotão, além de competições de Cabo-de-Guerra e outras corridas individuais, como as da Engenharia, do Infante (com obstáculos) e vários outros eventos, como o Desfile de 7 de Setembro, a Páscoa dos Militares, formaturas diversas, comemorações de efemérides e recepção a autoridades militares que visitavam a Escola.

Frequentamos o Cassino da SRL, tentando alcançar o recorde na máquina Cavaleiro Negro; participamos da grande e tradicional Festa Junina da Escola; frequentamos o rodízio de pizza do Castelo: as ruas pouco iluminadas de Viracopos; o Baile da Rainha e os eventos organizados pela Sociedade Recreativa e Literária (SRL); as boates no Círculo Militar; a Brunella e o Giovannetti.

***

Quase sem percebemos, aproximava-se o final do ano.

Fomos ao último exercício no terreno, na área da Fazenda Chapadão e nos preparamos para a Formatura de Conclusão do Curso.

Treinamos por vários dias para a formatura, a ser realizada no Pátio Agulhas Negras, imenso gramado abrigado pelo conjunto principal da Escola Dessa vez, não foram necessárias exaustivas sessões de treinamento, como foram no primeiro ano, para o Compromisso à Bandeira. Mais safos, rapidamente assimilamos as voltas a pé firme e as contagens de passos para os deslocamentos e aberturas do dispositivo a serem efetuados no evento.

Antes do grande dia, um churrasco no Círculo Militar de Campinas marcou nossa despedida dos oficiais instrutores.

Alguém apareceu com uma faixa com os dizeres "Normalistas – Pro formatura", surrupiada de algum colégio da cidade, muito apropriada ao evento.

Não éramos mais as "Normalistas" do Cap Renê, e a ele devíamos muito disso. Nossa aceitação e disposição em superar nossa imaturidade deficiências também merecem destaque, pois redundaram em uma reação positiva ao desafio proposto.

Éramos a Turma Collecchio-Fornovo, da Escola Preparatória de Cadetes do Exército!

*****

Em um sábado de sol claro e azul profundo, como soia ocorrer nos dias da nossa então anfitriã cidade de Campinas, entramos no Pátio Agulhas Negras, em uniforme branco, para nosso último ato como alunos.

Em seguida, saímos marchando, em coluna por um, ao som da Canção da Academia, no movimento inverso ao que fizemos, quase três longos anos antes.

Ao ultrapassar o portão de saída, jogamos nossos quepes ao alto, vibramos e nos abraçamos, felizes e comovidos.

Era 7 de dezembro de 1985.

*****

Um último, dramático e trágico fato marcaria a passagem da turma pela nossa querida Preparatória.

Já em janeiro de 1986, nos apresentamos para seguirmos para a Academia Militar, desfalcados pelos que decidiram não prosseguir por esse caminho.

Naquela noite, enquanto confraternizávamos e falávamos sobre nossas certezas e apreensões sobre o que encontraríamos a seguir, na Academia, eis que recebemos a notícia que o comandante da Escola, Cel Câmara, fora assassinado, a tiros, por um soldado de serviço na guarda do quartel.

Rapidamente fomos convocados para substituir a guarda, abalada pelo fatídico acontecimento. Outros de nós foram escalados para compor a guarda da câmara funerária e velar o corpo de nosso comandante, na capela da Escola.

Houve um treinamento para uma guarda fúnebre e salva de tiros, mas tal honra foi dispensada pela família, consternada.

Depois soubemos que um soldado de serviço, possivelmente sob o efeito de drogas, abandonara seu posto e passara a gritar que a Escola estaria sendo invadida. Abordado por um sargento em ronda, disparou o seu fuzil contra esse militar, correndo para a direção da vila dos oficiais superiores, disparando mais vezes, para cima.

Ao ouvir os disparos, o comandante correu à porta de sua casa, para inteirar-se do que ocorria. Nesse instante, o soldado enlouquecido viu o vulto assomar à porta de vidro e disparou uma rajada em sua direção, vindo a atingir o Cel Câmara mortalmente, cometendo o suicídio, a seguir.

&
***

Cap 12: Prep, adeus!

A Turma Collecchio-Fornovo deixou uma placa de bronze em uma das colunas da Pérgula Tiradentes, ao lado do Pátio Miguel Roque. Nela, estão gravados os nomes de guerra dos 199 alunos que concluíram o curso da Escola, em 7 de dezembro de 1985.

Além desses nomes, que chegaram ao fim da jornada, quase uma centena nos deixou ao longo do caminho, por motivos diversos, como repetência, desistência, incompatibilidade com a carreira militar, questões de saúde ou, simplesmente, por terem escolhido outro rumo para suas vidas.

Mas, o que fizemos de nossas vidas, desde então?

***

Dos que prosseguiram carreira no Exército, 138 formaram-se oficiais combatentes pela Academia Militar das Agulhas Negras.

Feitosa, Danilo, Machado, Ribeiro, Baltieri, Alvarenga, Lopes Ferreira, Luciano, Robbi, Correa Filho e Nóbrega alcançaram o generalato no Exército Brasileiro, constituindo-se em motivo de orgulho para todos nós.

Itapá, Enoque, Magalhães, Ivaldo, João Luiz, Zamith, José Roberto, Cardoso, De Melo, Calixto, Aragão, Botelho, Lucchesi, Do Valle, D'Angelo, Neilson, Paiva Dias, Antonio, Taulois, Giarola, Coriolano, Dias, Pezzi, Julio Gabriel, Alencar, Santos, Pavan, Roberto Gomes, Walter, Aristóteles, Walter Henrique, Godoy, Lassance, Francisco Silva, Dorneles, Walmir, Silva Marques, Jaqueira, Marszalek e Jander abraçaram a Infantaria.

Para a Cavalaria, foram Bruck, Magnus, Marques, Tebicherane, Da Silva, Eduardo, Carletto, Valeriane, Carlos Magno, Everton, Queiroz, Weber, Oliveira Neto, Faulstich, Eldman e Almeida.

A Artilharia acolheu Barbosa, Costa junior, Lopes Cora, Sampaio, Fernando Gonçalves, Landvoigt, Hecksher, Paulo César, Kersul, Fernando Henrique, Hermann, Arthur, Fontes, Teixeira, Farah e Yukishique.

Seguiram para a Engenharia Mendes, Lopes Fernandes, Hayas Barba, Vitor, Celsius, Renan, Rui Carlos, Maurício Dias, Vilaça, Sousa Oliveira, Robson, Ferreira de Souza e Negrão.

A Intendência foi o destino do José Muniz, Guilherme, Dênio, Victor Costa, Loureiro, Batistela, Heringer, Enio, Edglê e Gervazoni.

Para as Comunicações, seguiram Adam, Saul, Los Reis, Marconi, Luiz Gomes, Dantas, Canuto, Peres, Servilha, Emerson e Wilson.

Finalmente, tornaram-se oficiais de Material Bélico Locateli, Tonial, Rovany, Wallace, Hylton, Gomes, Abreu, Sinomar, Denildo, Denizard, Moura, Hermes, José Batista e Lipinski.

Alguns ainda foram graduados pelo Instituto Militar de Engenharia, tornando-se Engenheiros Militares, como o Servilha, Aragão, Teixeira, Farah, Arthur e Marconi.

***

Aldama, Medeiros, Abdala Costa, Peixotinho, Gilberto e Farinazzo tornaram-se oficiais da Marinha do Brasil.

Lopes e Edgar formaram-se oficiais da Força Aérea Brasileira.

Mota Leal alcançou o oficialato no Corpo de Bombeiros Militares do Estado do Rio de Janeiro.

***

Anderson e Miguel Fernandes ingressaram na Polícia Rodoviária Federal.

Meira e Ferreira tornaram-se professores universitários.

Lanor, Incerpi e Rostirolla exercem o ofício de engenheiro.

Ermida é pesquisador na Fiocruz.

Helicon tornou-se policial do Senado.

Silas e Abdala seguiram carreira na Receita Federal do Brasil.

Cardoso, após a AMAN, seguiu a carreira de Procurador da República.

Rossman tornou-se educador físico e empresário, em Fortaleza.

Bianchi alcançou o cargo de Juiz Federal.

Bradley, Eduardo Pereira e Silvestre escolheram a medicina.

Mazzaro é dentista no Distrito Federal.

Zé Mauro é advogado na sua querida Niterói.

Santiago Júnior é publicitário.

Di Mendonça é executivo e empresário, no Rio de Janeiro.

Gutierrez é economista na Prefeitura Municipal de São Paulo.

Omar é funcionário do Banco do Brasil.

Peixotão trabalha na PETROBRÁS.

Almiro é Promotor de Justiça do Estado da Bahia.

Cláudio é empresário em São Bernardo do Campo.

***

Alguns de nós não tiveram a fortuna de chegar até o momento presente, tendo sido chamados pelo Criador para junto de Si, encerrando suas missões neste plano. A esses amigos e companheiros de jornada, nosso preito de saudade: Tonial, Hayas Barba, Enio, José Roberto e Pires.

***

A despeito de qual tenha sido o caminho que escolhemos, cada um que ombreou nas longas formaturas, respondeu ao pernoite em uma noite de sábado, tirou serviço de sentinela ou de plantão, sentiu a dor da saudade e o gosto da liberdade, naqueles distantes dias, seguiu, como militares, civis ou como chefes de família, contribuindo para um país e uma sociedade melhores, a cada dia. Em salas de aula, empresas, quartéis, navios, aeronaves, tribunais, hospitais, clínicas, escritórios, bancos, fábricas, repartições públicas, obras e em qualquer lugar em que estiver um representante da Turma Collecchio-Fornovo, estará um homem de bem, a servir de exemplo, a orientar e liderar, honrando seu juramento sagrado e os valores e ensinamentos colhidos na Escola Preparatória de Cadetes do Exército.

&
***

Epílogo

Centenas, talvez milhares, de histórias e estórias mereceriam e poderiam ter sido contadas neste breve resumo daqueles anos maravilhosos da nossa juventude, na hoje já distante e remota década de 1980.

Minha intenção não poderia – jamais – ser a de contar cada uma delas. Optei, como escrevi no Prólogo, por mostrar o meu ponto de vista sobre aquela época de nossas vidas, relatando acontecimentos que vi, presenciei ou que foram de tal forma notórios que marcaram a todos nós.

Também preferi não ligar nomes, fatos e apelidos a pessoas da turma, deixando sua identificação e autoria restritas ao nosso círculo, que pode elucidá-las facilmente, como um sinal de respeito às respectivas imagens, no entendimento que éramos jovens no auge de nossa própria inexperiência.

Assim, deixo nestas linhas a visão de um de nós, como um atrevido, porém simples cronista, que esteve naquele salão de baile, que observou as danças e ouviu a música da mesma orquestra; e que participou da batalha, desviando das balas, vendo flashes do combate, a valentia e a grandeza de uma turma de irmãos que lutou para deixar seu nome e conceito no mais alto patamar, e que enfrentou seu destino com a alma franca, de peito aberto, tudo em prol do Brasil, nossa maior glória.

Então, resistindo ao tempo, seguimos amparados no hoje velho, porém imortal, lema da Turma Collecchio-Fornovo:

"Nunca seremos vencidos!"

&

*****

9 798656 470315